明日の
リーダーのために

葛西敬之

文春新書

748

明日のリーダーのために◎目次

はじめに

先の見えない時代です。企業経営でも、また政治の世界や官僚機構でも今ほどリーダーが求められている時代はありません。変革期に求められるリーダーというのは、足元の現実から目をそらさず、問題の本質を直視し、いかに困難であろうとも抜本的な解決の方策を立て、実行する人です。つまり大局観と長期展望に立って、目指すべき方向、登るべき遠山の頂きを示し、現実とその間に横たわる前人未踏の荒野を不屈の意志を持って踏破し、新たな地図を描くことのできる人物でなければなりません。

全てが平穏で順調な時代には、過去の流れの上に現在があり、現在の延長として未来がある。そのような時代にはこの変革期のリーダーの資質は問われることがなく、むしろ遠ざけられることが多いでしょう。好まれるのは実務家、専門家として優秀で、与えられた地図を見ながら着実に目的地に導くことができる人々です。決して突出することがなく、周囲の人々のチームワークに気を配り、上から見れば使いやすく、下から見れば仕えやすく、周りから見れば付き合いやすい内向き志向の人がふるいに掛けられてリーダー役を託されることになります。しかしこのような形のリーダーは、今日わが国が直面しているような前人未踏で地図のない原野を目前にすると途方に暮れてしまう。そのような人々が寄りかかるのはまず、過去にあった類似の例であり、前例を当てはめて当面の対処をすること、次には投票やアンケートにより衆意を求めそれに従って施策を定めること、そして抜本解決は時間軸のかなたに先送りすること。この三つのパターンに決まっています。これはリーダーシップとは言わない。ビューロクラシーの典型です。そして時代の転換点、先の見えない時代にはその手は通じないのです。

それにしても、最もリーダーシップが求められる今の時代にその資質を感じる人材が見当たらないのはなぜでしょうか。敗戦後の教育のせいでしょうか。とすれば、敗れると決まった戦争に突入した戦前の指導者はリーダーシップを備えていたと言えるのでしょうか。それとも、時節が来れば、平穏な時代には隠れていた資質が開花するのでしょうか。そう願わざるを得ません。恐らく、ほとんどの人々が共有するこの認識が本書の発端になりました。始まりは文藝春秋の飯窪さんと新谷さんのお二人が「リーダーを育てるためにはどうしたら良いと考えるか」について、取材の一環として来訪され一時間ほど意見の交換をする機会を得たことでした。

私自身はリーダーシップ教育を受けたわけではありませんし、自らリーダーになることを志し、そのために意識的に努力をしたわけでもありません。何か新しいポジションを与えられるといつも自分で務まるだろうかという不安を抱えつつ、ただその時、その時の現実を直視し、自分の正しいと信じる方向に向かってベストを尽くし、日々を重ね、その繰り返しで今日を迎えたに過ぎません。両氏の質問、問題提起に答えるとそれが更なる質問につながるという形で話が展開し、気がつくと一時間余りが過ぎていました。今日のような話を何回分かまとめて本にしましょうということになり、それから三度にわたって同じようなリーダー論の雑談会をやりました。それをまとめたもの、すなわち両氏の巧みなリードにより混沌の中から意識の表層に導き出された、小生の体験談と偶感の寄せ書きとでもいうべきものが本書です。

そもそも私はリーダーが何たるやを語るにふさわしいのか、何らかの意味でリーダーと言えるのか。それは私自身では分かりません。読者に判断をお任せしたいと思います。

以下に記述するのは必ずしも脈絡のない挿話の塊ではありますが、リーダーとは何かを主題に話が進んでいきます。何れかの部分でも、いささかのご参考になれば幸いです。


まず自己紹介をしておきましょう。私は東海旅客鉄道株式会社（ＪＲ東海）で平成七年から平成十六年まで代表取締役社長を務め、平成十六年からは代表取締役会長を務めています。私が大学を出て日本国有鉄道（国鉄）に入社したのは昭和三十八年でした。従って私は国鉄に二十四年間、ＪＲ東海に二十四年間、通算四十八年間の職業人生の全てを鉄道とともに歩んで来ました。この間に鉄道はまさに天職となったのであり、私はこれまでの人生を満足すべきものだと感じています。なぜならば国鉄経営の破綻、悪化、崩壊に至る十八年、分割民営化への模索と苦闘の六年、合計二十四年間の全てが国鉄にとって地図のない道程であり、だからこそ私の働き場があったと思うからです。

国鉄の分割民営化は、国鉄の機能保全をするための攻勢防御策として国鉄内部の少数の課長、課長補佐グループが提案した概念設計を端緒に、政治の主要課題へと盛り上がっていったものです。それが成し遂げられたのはまさに時の運、人の運に恵まれたことによる奇跡としか言いようがありません。しかしながら、若輩かつ少数とはいえ国鉄内部に抜本的な改革を志す人間集団が存在したことは、国鉄分割民営化という鎖の輪が完結するための不可欠な一環であったと思います。

振り返ってみれば国鉄はまさに日本国の先行モデルであり、今日の霞が関や永田町が直面している問題は、まさに私たちが三十年前に目前にしていた問題と同質です。昭和六十二年の分割民営化によるJR発足以降はどうかといえば、これまた全てを自律的に決定する建前になったとはいえ、前人未踏の創造的作業の連続であり、それは今もなお続いています。平成十八年の完全民営化までの二十年間を一段ロケットとすると、平成十八年から今日平成二十二年までの五年間は二段目のロケットに点火し、安定軌道に向かって噴射上昇を未だ続けているという状態と言って良いでしょう。それが完了するのは、現在の計画では平成三十七（二〇二五）年、東京～名古屋間の東海道新幹線バイパスを超電導リニアにより完成した時点、すなわち民営化から四十年経った時になるのです。私のリーダー論は、このような状況下における自らの体験に基づいています。

第一章　三人の恩師——「幼虫」の時代

「学び・思い・行う」

まず、リーダーである前に立派な人間でなければならないと思いますが、人間形成を考える上で三つの要素をとりあげたいと思います。

「学びて思わざれば則ち罔《くら》し、思いて学ばざれば則ち殆《あやう》し」という言葉が論語にあります。「学び・思い・行う」ということのバランスが取れることによって、立派な人間として世の中の役に立つことができます。同じ論語の中に「巧言令色鮮《すく》なし仁」という言葉があり、皆様もご存知だと思いますが、口がうまく、利巧そうな振る舞いをする者は仁徳が少なく、あまり信用ができないという意味です。最近、分からなくても発言をするのが良いという人もいますが、分からないことを言うべきではありませんし、分かっていても軽々しく物を言うよりは「不言実行」ということが高く評価されるべきです。また口と舌だけで評論する人間を「口舌の徒」と言って昔から蔑んでいますが、「口舌の徒」であってはなりません。誰もが「学び・思い・行う」のバランスを取っていかなければならないと思います。

ただ一生のそれぞれの時点ごとに、何を学び、何を考え、どういう行動をとるかは変遷するものであり、一概に「学び」とは何か、「思い」とは何か、「行う」とは何かと定義する

人間形成の基本（図一）

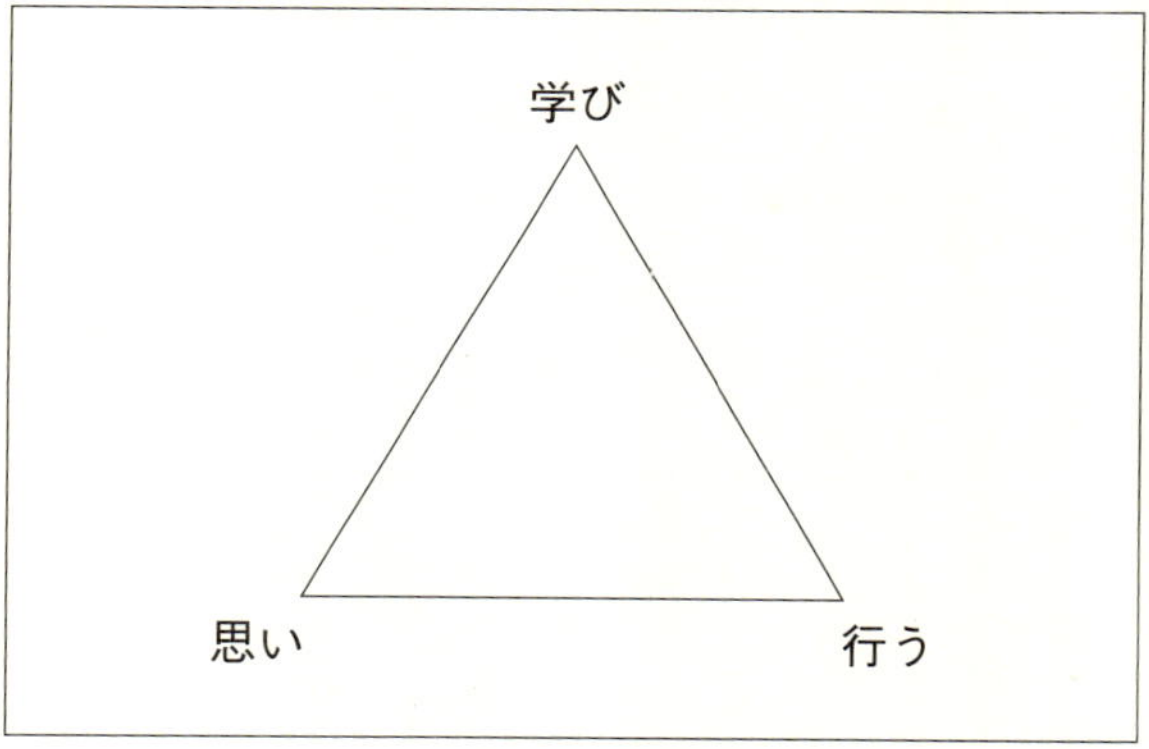

ことはできません。そのため、私自身の人生の中でどうだったかということを省みることによって、読者の皆様と認識を共有する形で話を進めていきたいと思います。（図一「人間形成の基本」）

私は昭和三十八年に国鉄に入り、国鉄で二十四年間仕事をしました。ちょうど入社後二十五年目に分割民営化が行われて、それから二十四年間、ＪＲ東海で働いています。合計四十八年間鉄道事業に従事してきたわけですから、鉄道は私の天職であると言って良いと思います。ただ私自身は入社からちょうど四十歳になるまで、いわゆる不惑の歳になるまでの十八年間は国鉄に一生勤めようとは思っていませんでした。もっと自分にとって大切だと思うことがあれば、いつでも国鉄を辞めて飛び出すのだ。人生そのものが「仮の宿り」のようなものであって、まして国鉄は「仮の宿り」の中のさらにまた「仮の宿り」である。ここに身を置くのは良いけれども、自分の一生はここで終わるわけではないと思ってきました。この気構えは、組織に埋没しない、独立した姿勢を保ち続ける上で有効でした。

人間は生まれた時には不定量の時間を自分の未来に持っています。また無限とはいかないまでも不定量の可能性を持っています。人生のプロセスはその中で自分の時間を消耗し、可能性を狭めていくという過程であり、ちょうどその「四十にして惑わず」という「不惑」の歳はある種の到達点に達する歳なのだと思います。私の場合はまさにそうでした。

鉄道を天職と思い定めたのは四十歳、仙台鉄道管理局総務部長の時代でした。職場規律は完全に乱れており、労働生産性は最低の状況で、まさにその時に国鉄の経営は事実上崩壊したのでした。昭和五十六年度の予算案を見ると、運賃は並行私鉄の二倍の水準。毎年七千億円を超える税金を助成金としてもらいながら、なお一兆円近い赤字を計上し、それを借金で埋める。それだけではなくさらに借金をして一兆円の設備投資を行う計画となっていましたから、毎年二兆円ずつ借金が増えていくありさまでした。これを見た時に、私はこの組織はもう駄目だと思いましたが、国鉄が果たしていた国民の足としての機能は東海道新幹線にしても東京の山手線にしてもかけがえのないものです。それに私の部下たち

人間の成長過程（図二）

	学ぶ	思う	行う	姿勢・態度
幼虫（〜大学）	基礎	空想	遊び	知る
蛹化	変化	迷想	順応	悩む
蛹（〜不惑）	実務	着想	仕事	好む
羽化	力学	構想	模索	望む
成虫（〜現在）	大局	遊想	大戦略	楽む

は黙々と重い荷を背負っている。それを思った時、国鉄を清算してなんとか生き返らせる、そして国民の不可欠の足である国鉄の輸送を持続可能な形で再活性化する。それが自分の天職、使命なのだと考えるに至りました。

これから話を進めるにあたり、人生を五つの段階に便宜的に分けて説明したいと思います。いささか奇妙かもしれませんが、それを昆虫になぞらえてみました。そうすると、説明が分かりやすいように思えたのです。まず「幼虫」の時代。次に幼虫が蛹《さなぎ》に「蛹化《ようか》」する時代。そして「蛹」の時代。それから蛹の殻を破って「羽化」する時代。さらに羽化を終え「成虫」として羽ばたく時代です。この五つの段階で「学び・思い・行う」は全く同じ意味を持つわけではありません。それぞれの段階に則した「学び」や「思い」があり、「行う」ことがあると思います。（図二「人間の成長過程」）

「読み・書き・そろばん」を徹底的に

「幼虫」の時代とは、生まれてから大学あるいは大学院を卒業して社会人になるまでの時代、人生のうちのまだこれから生きる部分が圧倒的に長くて、自分がどんな道を歩むかということが決まっていない時期です。この時期に「学ぶ」ものは基礎です。まず手始めは「読み・書き・そろばん」。これは世界のどこに行っても共通で、英語圏でも「３Ｒ」と言っています。Reading（読み）、Writing（書き）、Arithmetic（算数）です。大学生、大学院生といえども、所詮は基礎です。大学、大学院と進めば次第に専門的になってきますが、それでも直ちに現場の役に立つわけではありません。法学部を卒業し、司法試験を通ったらすぐに裁判官が務まるわけではないのと同様です。世の中にある教育論のほとんどの部分はこの「幼虫」の時代を対象にしたものになります。この時代に学ぶべきものとは、「読み・書き・そろばん」をはじめとする基礎であり、それを必要十分に、徹底的に、効率的に詰め込むことではないかと思います。勉強という言葉は「強いて勉める」と書きますが、この時期の学習はまさに勉強することだと思います。勉強することは決して面白いことではありません。特に小中学校の「読み・書き・そろばん」が楽しいということはまずないでしょう。しかし、そこで詰め込んだことはその後の人生において全ての基礎となり、さらに深く学び、人間形成をしようとする場合、その土台として役に立つと思います。

教育の専門家の中には、「学問が楽しくなるような教育をするべきだ」という意見の人がいますが、それは学問をしたことのない人の言葉としか思えません。孔子の言葉に、「之を知るものは之を好むものに如《し》かず。之を好むものは之を楽しむものに如かず」という言葉があります。勉強して知識を持っている者はそれを好きで学んでいる者には敵わない、好きで学んでいる者は楽しんで学んでいる者には敵わない、という意味です。孔子といえども、勉強という段階を経て好きだと思うようになり、好きだと思う段階を経て最後に楽しむことができるようになったということを、この言葉は物語っています。楽しむ前に、勉強して知識を身につけなければならない段階、時代があったというわけです。

学校教育の間違い

また、「子供の自発性を養い、創造力を伸ばすために、子供に何をやりたいか考えさせ、自ら決めさせる」という議論もあります。基礎の知識を持たない子供が自分で自分が何をしたいか決めること、それはまさに「思いて学ばざる」ことであり、「殆い」ことと言わざるを得ないと思います。最近は「生きる力」をつける教育などと言っているようですが、生きる力は学校教育だけでなく、様々な体験の結果として形成されるものであり、それを全て学校教育でやろうなどと言うのは、身の程知らずとしか言いようがありません。

さらに、「大学の学部時代はすべからくリベラルアーツに特化すべきである。十八歳で自分の一生の方針を決めるのは早過ぎる。専門の学部を選ぶのは大学院になってからで良い。それまでの四年間でみっちり教養を身につけておくことが、最終的に裾野を広げ高い山になる基礎になるのだ」という議論もあります。これも私は間違っていると思います。四年間をリベラルアーツという形で一般教養に充てれば、その間に人間は自分の一生の進路を決めることができるか、一生を養う教養を身につけることができるかというと、決してそんなことはないだろうと思います。そもそも学部の四年間で教養が身につくと思うのは教養というものを浅く見過ぎている。教養とは一生かかって養うべきものなのです。私はアメリカの大学院で経済学を学びました。大学院生のほとんどはリベラルアーツで四年間を過ごした後に大学院に入って来た学生でしたが、教養の面でも学力においても、日本よりも優れているとは思いませんでした。また、大学院に入る段階になれば自分の一生をどのように生きるかを決めることができるかというと、そんなことはありません。自分自身を省みればすぐに分かることです。

この種の議論の背後にしばしばあるのは、旧制高校礼賛論です。旧制高校があったから戦前の教育は戦後の教育に比べて優れていた、戦後の教育の欠点は旧制高校がなくなったことに由来するという議論であり、旧制高校時代に十分な教養を身につけたからこそ立派な人材が育ったのだと言います。私は旧制高校の良さを否定するつもりは全くありません。しかし、戦前の教育の方が優れていた点を挙げるとすれば、それは小中学校の間に必要十分に「読み・書き・そろばん」の基礎を習得させ、自由な読書により幅広い関心を持たせ、自由な空想をする習慣を身につけさせ、将来に対する夢と志を持たせていた。その一点こそを問われるべきで、むしろ旧制高校ではなく初中等教育における劣化が現在の人材の劣化を生んでいると考えなければなりません。

「即戦力」のウソ

また経済界では「大学はすぐに職場に来て役立つ即戦力を養成すべきである」と言う人

がいます。自分のことを振り返ると、私自身が即戦力になったことは一度もなかったように思います。私は大学や大学院から入社してくる新入社員に毎年講義をしていますが、その中で「私たちはあなた方を即戦力として見ていない。またそのような期待もしていない。例えば、一流大学の土木工学の修士号をとって私たちの会社に入ってきても、鉄道という特殊な分野において直ちに即戦力として役に立つようなことは絶対にありえない。最低十年間は鉄道の土木技師として実物を見て、実物に触れ、そして、それを修繕し、設計してようやく本物の鉄道の土木技師になれる。しかし、ようやく一人前になったら、世の中のどこでも通用するかといったら、そうではなく鉄道の土木技師としてしか通用しない。だから、一旦入った以上、一生会社にいて鉄道の技術を習得し、後輩にそれを伝えて会社のために育成していく。そして定年を迎えた後も我々の傘下の企業で働くんだ。そういう風に考えるしかないのだよ」と言ってあげるのですが、多くの人はそれを大変喜んでいます。

経済界の人間が即戦力と言って頭に描いているのはMBAのことではないかと思います。自らがMBAを取っていないので、MBAがとても素晴らしいように思うのかもしれません。取り柄が他にないのでMBAにしがみつこうとする人もいるでしょう。私にとって法学士も経済学修士も即戦力にならなかったのと同じように、MBAを取った人はそれが即戦力にならないことを認識しているでしょう。大学、大学院まで含めて、学ぶことは基本的には全ての役に立つ基礎ということに尽きるのではないかと思う次第です。

「空想」という特権

また「幼虫」時代に何を「思う」のかというと、「空想」です。何か身の丈に合ったことをするために現実的に考えるということではなく、自由に空想を巡らすということだと思います。それは不定量の時間と可能性を持っている者の特権であり、責任を持たない者の特権でもあります。この空想を巡らす度合いが大きいほど、自分の関心の幅が広くなることを意味します。そして、将来に向かっての様々な可能性の種を心の中に埋めることを意味します。空想を芽生えさせる土壌は自由な読書です。自由な読書は空想を生む種でもあり、また育む肥料でもあります。そして、自由な読書は基礎の知識、すなわち「読み・書き・そろばん」が十分に習得されて初めて可能となります。国語力が十分身についていなければ、自由な読書はできません。従って、空想の世界に遊ぶこともできません。

「幼虫」時代の「実践」とは何でしょうか。それは「遊び」です。通常「遊ぶ」とは人間と交わり、自然を体験することです。そこで人間関係、人間学の原点を体得することができますし、自然の素晴らしさと恐ろしさを知ることもできます。これが「幼虫」時代の「行う」ことなのです。様々な歴史、伝記、小説、詩歌を読んで、他人の体験、空想力、感性でもって自らの体験に肉付けし、膨らませていくことができるわけです。しかし、自らの体験を通じて体得した自然観・人間観が全くない者は、いかに本を読み空想を巡らせようとしても他人の体験から学び、自らの体験を膨らませることはできません。それは掛け算のようなもので、ゼロに何をかけてもゼロになります。

「幼虫」時代の特色はその三つの「学び・思い・行う」という要素が何らかの形で整合している必要がないということです。世の中で仕事を持つようになりますと、「学び・思い・行う」は自分の会社の業務や自分の任務をいかに効率的に達成するのかという一つの軸が通った形で統合されなければなりません。「幼虫」時代には、それがない。バラバラの状態で良いということが特色になります。

最近の教育の最大の問題は、公的初中等教育の劣化ということに尽きると思います。先ほどの「学び・思い・行う」のうち、「学び」は本来基礎を徹底的に教えることであり、公的初中等教育の役割は此所にあります。一方、自由な読書により各人の関心の幅が広がり自由な空想の習慣を身につける。また「遊び」により人間との接点、自然との接点を体得する。これらのことは皆、自由な時間において初めて可能なことであります。

ところが、最近の公教育では、本来自律的に自由な時間の中で身につけられなければならない「思い」「行う」ということまで、公教育の中に取り込もうという試みがなされています。例えば「総合学習」とか、「生きる力」だとかいうものをカリキュラムの中に入れることによって、「読み・書き・そろばん」の時間を減らしてしまう。基礎を十分徹底的に叩き込む代わりに、本来は教えなくて良いことを教える時間を増やす傾向が見られます。

これは、日本の公教育が「教育学者」の思いつきの実験の場と、教育学部を卒業して教員免許を取得した人の就職の場として利権化している実態を反映しているのではないでしょうか。子供たちはそのための道具として使われているということが、ひしひしと感じられる今日この頃です。

従って、最も基礎的な「読み・書き・そろばん」、すなわち国語、作文、算数の時間が削減され、本来やる必要のないような科目、欧米の教育においてはカリキュラムに入っていないような科目が大きな顔をして入っています。子供たちは各国共通に全ての基礎として重視されている３R「Reading（読み）、Writing（書き）、Arithmetic（そろばん）」が不十分なため、自由な読書も、空想の習慣も持つことができず、基礎的科目の学力不十分を補うために塾に通うことが半ば当然のような実態になっています。学校でも拘束され、塾でも拘束される。夜遅く帰宅するので遊ぶ時間がない。友達もいない。断片的時間をパソコン相手に遊び、テレビを見るといったことで過ごし、人間関係の原体験を得ることも、自然と交わることもできないまま大学を卒業してしまう。そのため、人の気持ちの分からない上司と、すぐ会社に行きたくなくなる若者が出てくるのです。

「幼虫」の時代は学校で基礎を「学び」、自分の自由な時間に、自由な読書をして、自由に「空想」して、友人と「遊ぶ」。そのためには、限られた時間を基礎（３Ｒ）に集中させることが重要であり、自由な読書と空想のための時間を確保してやることが非常に大切だと思います。

敗戦から始まる「幼虫」時代

私が小学校に入学したのは昭和二十二年でした。すなわち小学校時代は、敗戦の直後でした。学校は二部授業制で、早番が一週間続くと次は遅番になります。午前中の授業が早番、午後の授業を受ける者が遅番と呼ばれていました。従って、授業時間は今日に比べると限られていましたが、その代わり無駄なことを教えるということはありませんでした。初中等教育の最も大切な基礎である3R、すなわち「読み・書き・そろばん」を先生方は熱心に教え、さらに授業時間の不足を宿題で補い、大変な情熱を持って教えてくれていました。その当時、子供たちの国語力あるいは計算能力は恐らく現在学校で教えるレベルよりも優れていたのではないか、そして戦前の水準を維持していたのではないかと思います。熱意を持って教える先生方を父兄も生徒も尊敬し、クラスの秩序が乱れるなどということは決してありませんでした。

私は小学校四年生までは杉並区立桃井第二小学校に通っていましたが、五年生の時に新設の荻窪小学校に移りました。

新設校にはいくつかの小学校から学区を分割して五年生が移ってきました。私たちは五年生、六年生と小学校の最高学年の第一期生として過ごしたわけです。その時期は、日本の国がなんとか復興しなければならないという気風、熱気に満ちていたこともあり、また先生方は戦争中あるいは戦前の師範学校で教育を受け、戦争を経験してきた人たちでした。新設校の第一期生を立派に教育して後に続く者たちへの手本としたいという心意気があり、またいくつかの学校が集まったことで出身母体ごとの競争心もあって、先生方も大変熱心だったし、子供たちもそれに応えていたように思います。そこで五、六年生の担任だったのが渡邊義男先生です。

私の学生時代を通じて、基礎の勉強と幅広い読書、自由な空想の習慣に大きな影響を与えたのは、一に家における両親の教え、二に小学校のこの渡邊義男先生、そして三に大学の法学部で薫陶を受けた岡義武先生の三者であったと思います。この三者について少し述べてみたいと思います。

父に学んだ『論語』

何といっても両親から受けた教育は私の全ての基礎となったと思います。父は都立高校の国語、漢文の教師であり、私の最初の教師でもありました。それはまず口伝えに俳句を暗唱させられることから始まりました。一番短い詩形である俳句が良いと思ったのでしょう。「葱買て枯木の中を帰りけり　蕪村」と三歳になったばかりの私が遊びに来るや否や唱えたのでびっくりしたと親類の者がよく言っていましたから、すでにその頃から始まっていたのだと思います。芭蕉や蕪村の俳句をたくさん覚えさせられた記憶は満五歳くらいからあります。それから和歌に進みました。私が生まれたのは明石。父が明石中学で教えていた時でしたので「ともし火の明石大門《おほと》に入らむ日や漕ぎ別れなむ家のあたり見ず」「天離《あまざか》る夷《ひな》の長道《ぢ》ゆ恋ひ来れば明石の門《と》より大和島みゆ」という柿本人麻呂の歌をまず覚えさせられました。私の命名は明石、柿本神社の宮司の御神籤で決めたのだそうです。

万葉集の短歌や長歌、源実朝の和歌なども父が選んで暗唱させられました。最初は暗唱でしたが、小学校も三〜四年生になると休みの日の午前中は無理やり机を挟んで対座させられ、学校で教わるよりも遥かに難しい文章を音読したり、作文を書かされたりしました。晩翠、藤村や白秋などの日本の現代詩や漢詩、森鷗外や芥川龍之介の短編などの現代文も音読の対象に加わりました。古事記の中の物語などは大方話してくれました。やはり多少とも特殊な教育だったと思います。

そんなわけで小学校四年生の頃には、大人の本でもルビさえ振ってあれば何でも読むようになっていました。当時はまさに敗戦後の荒廃のさなかで、日々の食を確保するのが最大の関心事だった頃です。私だけでなく級友たちにとっても遊びの数少ない選択肢の中で、蟬や蝶などの昆虫を追うことと本を読むことは、重要な部分を占めていました。本といっても、友達の兄たちが読んだお下がりを廻し読むか、大人の読みものしかありませんでしたから、小学校低学年の頃でも、皆ずいぶん大人びた本を読んでいたと思います。

小学校五年生の頃、突然父に、これから『論語』をやると言われ、毎日曜日に少しずつ読み進みました。読むというよりはむしろ暗唱に近く、まず父が読み、続いて私が音読というよりはむしろ復唱する。その後で父が解説するというやり方で、小学校の間に一応拾い読みの通読を終えました。中国の歴史などの難しい背景知識を必要とするところは省き、子供でも理解できる部分を拾って読まされたのだと思います。学而編は全文読みました。『論語』は苦痛でしたが、父は別に私が全てを理解して覚えなくても良いと考えていたと思います。父の頭の中では一種の通過儀礼のようなものだったのでしょう。内村鑑三の『代表的日本人』や国木田独歩の『武蔵野』なども小学校の頃に向かい合って通読しました。

読書会の思い出

小学校を終えると、父も母も学校の勉強には一切口を出さなくなりました。すでに加速度がついているので学校の勉強程度は放っておいても自分でやるからその方が良いと考えたと思います。その代わり『論語』の時と同じような、向かい合っての読書会は高校いっぱい続きました。現代文は私が自分で乱読していましたから、教えなくても大丈夫と考えたのでしょうか、正岡子規の『歌よみに与ふる書』以外に通読した記憶はありません。『徒然草』、『枕草子』は中学時代に拾い読みの通読、『平家物語』は通読しました。その他漢文でも「韓信の股潜り」、「鴻門の会」、「出師《すいし》の表」など父が良いと思う素材を読まされたりしました。

高校に入ってからもこの読書会は続き、友人二人も加えて、今度は私たちの方が先に音読し、解釈をつけると父が間違っているところを直し、補足するというやり方で、『竹取物語』、『土佐日記』、『更級日記』、『紫式部日記』、『大鏡』と通読し、三年の二学期に終わりになりました。父が教えてくれた国語、漢文の効用は一切受験勉強をする必要がなかったことくらいだと思っていましたが、今になってみるとそれ以上に深い効用があったように思います。

母は小学校の低学年の間はよく本を読んで聞かせてくれました。母の父親は本荘堅宏といって浄土真宗東本願寺派の教師でしたが、中国語を自由に操り中国で布教をする傍らロシア軍の情報を探り、日露戦争時には同志とともに陸軍に協力してモネロン島（海馬島）のロシア人を追い出して占領、漁場を拓き、その後は露清学校という、ロシア語、中国語の学校を新設したり、一燈園という宗教運動を支援していたと聞きます。母はそのような祖父の影響を受けていたのでしょうか。父がもっぱら国語、漢文中心だったのに対し、国際政治や地政学の視点は母が折に触れ話をしてくれました。それは私が日本と中国大陸やヨーロッパ列強との関係に興味を持つ契機となりました。

「小学生全集」に熱中

こんな教育環境だったので、私の国語力はかなり進んでいたように思います。

その上で、私の自由な読書習慣の原点となったのが文藝春秋の「小学生全集」でした。芥川龍之介と菊池寛が監修し、各界の泰斗《たいと》が総動員で協力執筆して昭和二年から昭和四年まで、八十八巻が刊行されたのですが、それが私の家にはほとんど全て揃っていました。

私は小学校の低学年から高学年にかけて、それを片っ端から繰り返し、擦り切れるまで読みました。この全集は、童話、神話、伝説、欧米・日本の名作物語、偉人伝、歴史、軍事学、各分野の自然科学、芸術など全ての分野をカバーしており、知的興味と空想を刺激、誘発するのに最適の内容となっていました。私の今日までの自由な読書と自由な空想の習慣の全ての原点にこのシリーズがあったと言ってもよいと思います。

とくに愛読したのは、『源平盛衰記』、『太平記』、キップリングの『ジャングルブック』、コナンドイルの『四つの署名』、アムンゼンの『極地探検記』、『海軍と海戦の話』、『陸軍と陸戦の話』、『人類と生物の歴史』、動物、植物、花、昆虫などの話です。芥川・菊池の少年教育に対する熱意と志が伝わってくるような全集で、今の子供たちにあのシリーズの熱意と現代の科学的な進歩を盛り込んだ今日の小学生全集を与えてあげられれば素晴らしいと思います。

中学生になってからは、私は岩波文庫や新潮文庫に収録された世界の名作を片っ端から読みあさるようになりましたが、その中には小学生全集で読んで触発されたものが多くありました。ちょうどその頃出版されたシャーロックホームズ全集や、夏目漱石全集などを全巻揃えて読んだのもこの頃でした。

愛国者だった渡邊先生

荻窪小学校の渡邊義男先生は、小学生時代に父と並んで最も強く影響を受けた先生でした。教師には三つのEが必要であり生徒もまた同じだと私に話してくれたのは、後で触れる海陽学園を設立するにあたってアドバイスを受けたイートン校のトニー・リトル校長です。それはEnergy（エネルギー）、Endurance（忍耐）、Enthusiasm（熱意）の三つです。

渡邊先生はこの「3E」を全て備えた理想的な先生でした。桃井第二小学校から新設の荻窪小学校に転じ、五年生、六年生と、二年間にわたって私たちの担任でした。

渡邊先生は特に国語力を高めることに力を入れ、日本の歴史に対する誇りと興味を鼓吹されました。陸軍航空隊の予備士官として南方で戦ってこられた勇士で、日本の復興は私たちの教育にかかっているという熱意が巧まずして生徒の心を掴み、誰もが尊敬していました。敗戦の傷が生々しい当時、日本人は誇りを失い、ともすれば自己否定と自堕落に陥りがちでした。このような世相に対し、子供ながらに抱いている違和感に先生の授業は応えてくれる、そのことが生徒たちの心をひき付けていたのです。時折、戦地での体験を話してくださったのですが、敗色濃い中でも前向きに戦う明るさに引かれ、私は戦記文学に対する興味を先生の授業から大いにそそられたのでした。

私が小学校に入った昭和二十二年は、GHQの命令による教育方針が実施に移された年で、ローマ字が必修となりました。私の年まわりは、その後いつも新しい教育的試みの実験台となる年次となりました。例えば、カタカナを全く教わらなかったこと、高校入試に初めて英語が加わったこと、大学入試が代数・幾何から数Ⅰ、数Ⅱ、数Ⅲに変更され、文系では数Ⅲが不要とされたことなどです。東大や京大の有名な教授たちまでが、「日本が遅れているのは漢字のせいであり、タイプライターが使えないからだ。漢字、かなを廃し、全てローマ字にすべきだ」などと真面目に言ったりしていた時代でした。

教科書には、デンマークのダルガス父子が酪農立国を進め平和で豊かな国にした先例に習い、日本も酪農立国にすべきだと真面目に書いてありました。一部の先生方や父兄の中には、米軍は解放軍であり、マッカーサーは日本の軍国主義を破り、民主化してくれた恩人であるなどと言う人もおり、子供心に変だと思っていましたが、そのような人に限って朝鮮戦争が始まると、コロッと翻って反米になり、スターリンや毛沢東を礼賛するばかりか、サンフランシスコ講和条約による主権の回復に反対したりするのでした。

渡邊先生は常に一貫してブレることのない愛国者でした。常に一貫し、揺れたりブレたりしない人間こそ価値があるということを、身をもって教えてくれた先生でした。卒業後、先生は校長も勤められ、教育現場のリーダーとして情熱を注がれました。数年前に亡くなられるまで、私たち一期生は先生を囲んで集まることを続けていました。

ちょうど小学校五年生の時に日本はサンフランシスコ講和条約を結び、主権を回復しました。それと時を同じくして日本軍関係者の手による戦記が一斉に出版されることになりました。それまでにも家にあった『名将言行録』、吉川英治の『宮本武蔵』『梅里先生行状記』、桜井忠温《ただよし》陸軍大尉の旅順要塞攻略戦の体験記で、英訳本が大隈重信侯からルーズベルト大統領に献呈され、大変な感動を呼び賞賛を受けた『肉弾』、水野広徳海軍少佐が記した日本海海戦記である『此一戦』、火野葦平の徐州攻略戦の従軍記『麦と兵隊』と上海事変時の杭州湾上陸戦の従軍記『土と兵隊』、ノモンハン事件で陸軍97式戦闘機がソ連の戦闘機に圧勝したその戦いぶりを従軍報道した朝日新聞記者入江徳郎の『ホロンバイルの荒鷲』、アンドレ・モーロワの『フランス敗れたり』などを愛読していましたが、次々と出版される戦記、戦史をこれまた片っ端から買い求めては読みあさりました。多くは読み終えると処分してしまいましたが、伊藤正徳の『帝国陸軍の最後』、『連合艦隊の最後』や『坂井三郎空戦記録』などは今でも蔵書しています。渡邊先生の授業の影響が大きかったと思います。

空想と読書は表裏一体

私は同じ小学校五年生の頃、学校の健康診断で「肺門リンパ腺炎」の恐れありという診断を受けました。ちょうど自然陽転した時でもあり、運動は差し控えて様子を見なさいということになり、体育の授業は見学、午後八時には就寝することにされてしまいました。

それが自由な読書と、空想の習慣を一層促進し、それまで以上に空想的な少年として小中学生時代を過ごす契機となりました。活字を読むことは必然的に空想を伴います。空想を廻らさなければイメージを結ばないからです。読書と空想は表裏一体なのです。空想は読書を肉付けする作業だったのだと思います。最近のように、テレビやマンガ、あるいは既存のテーマパークのように、安価で軽薄なレディーメードのイメージに馴らされた現代の子供たちに、空想力は育ち難いのではないかと思うのです。

学校から帰ってからの自由な読書、就寝前の空想は習慣化してしまいました。小中学校時代の私の読書は面白いと思うものの乱読でしたから、決して高尚と言えるようなものばかりではなく、講談本、歴史小説、探偵小説、捕物帳などいわゆる娯楽本は大いに読みました。しかし、高校になると受験が当面の課題となり、自由な読書の習慣はしばらく抑えざるを得ませんでしたが、空想の習慣は依然として続いていました。

空想の世界では、私はナポレオンのような天才的軍人、ビスマルクのような政治家、アインシュタインのような科学者の全てを兼ね備えていました。無邪気な話のようですが、半ば本気だったのです。そんなわけで、まず自分として一番なりにくそうな科学者になる道を選ぼうと決め、大学受験は東京大学理科Ⅰ類と決め、高校三年生の夏休みまではその気でした。

ちょうど、ソ連が世界に先駆けて人工衛星を打ち上げた時代で、その影響を受けた一部の学生は「社会主義の勝利」などと盛んに言っていましたから、私は「ロケット工学をやって、見返してやろうか」などと考えていたのです。私と同じ神明中学から日比谷高校に進んだ友人に、相羽君という数学が天才的にできる人物がいて、家が近所であり時々旧交を温めておりましたが、ある日彼に「数学の最後の詰めはどうすると良いと思うか」と尋ねました。彼は「お前は今、何を参考書にしているんだ」と聞きますので「岩切晴二の解析精義をやっている」と答えると、彼は「上巻は小学校、下巻は中学校で終わったけれども、理I程度であればそれで十分だよ」と言うではありませんか。私の知る限りでも一人このような人物がいる。日本中からはたくさん東大に集まってくるだろう。とても自分には無理だと考えたのでした。それは正しかったと思いますが、私の空想の可動域は大幅に縮小することになりました。

東京大学法学部へ

大学では、東京大学文科I類から法学部に進みました。文Iの時には、入学早々、昭和三十五年の安全保障条約改正への反対運動が日本中で巻き起こっていました。クラス討論も度々行われましたが、議論は全て安保改正をいかに阻止するか、そしてそのために岸内閣をいかに倒すかというところから始まります。

そこで「学生として真面目に議論するのであるならば、日本の安全保障はいかにあるべきかをまず考え、そして日本のこれからの国としての在り方を考え、安全保障条約の内容を充分吟味して、その上で賛成、反対を決めるべきではないか。それが学生らしい態度ではないのか」とクラス討論会で言いましたところ、寮で上級生の影響を受けている地方出身の同級生から「君はずいぶん遅れているんだね」と一言のもとに吐き捨てられてしまいました。

この時、言論の自由が戦後は確立したというのは勘違いで、すでに流れができているとその流れに逆らう人間はほとんどいない、その点では戦争中と少しも変わっていないということを感じました。そのクラス討論会で「自分も同じ考えだ」と言ったのは、私の同級生で同じ都立西高から来た中島久彰さんだけでありました。しかしクラス討論が終わった後、クラスの中の相当部分の者が、「実は我々も同じ意見だがわざわざ事を荒立てることもないから黙っていた。本当は君たちと同じ考えなんだよ」と言いに来たのも事実でした。

「会社の守り神」となった同級生

大学で有意義だったのは、今日まで付き合いの続く友人と数多く出合ったことでした。良友との交誼は人生を豊かにする上で極めて大切だと思うのですが、その良友を得る場所として大学は大変価値があると思います。

その中でも特記すべきは、柳川従道さんです。彼とは一、二年生とドイツ語クラスの同級生で、夏休みに伊豆の戸田にある大学の寮に同級生皆で行った時、桟橋に出て徹夜で語り合った四人のうちの一人でした。学生同士の他愛もない人生論や、当時華やかだった日米安保論などで話が弾んだ中で、彼とは不思議に感性の波長が合ったのでした。彼は一発で、しかも四番の好成績で司法試験をパスし、弁護士になりました。私は国鉄に入りましたが、まさに「淡きこと水の如き」付き合いが国鉄時代を通じて続きました。

そしてＪＲ東海が発足して、会社法関係の顧問弁護士を選ぶ段階になった時に、彼が引き受けてくれたのです。分岐した道が合流し、それからはまさに会社にとって欠くことのできない法務のブレーンとして、株主総会、日本テレコム株の売却をはじめとする、あらゆる重要な会社法務は全て文字通り彼の指導を受けることになりました。

誠実さ、温かさ、乱れることのない平常心は昔からでしたが、仕事における閃き、緻密さ、絶対に手抜きをしない完璧主義、集中力など、これまで知らなかった強みを目の当たりにするにつけ、私自身をはじめとして当社の関係者にとって、柳川弁護士はまさに「会社の守り神」だという感があります。このような友人に出会えたこと一事をもってしても、大学生活は価値があったと思うのです。

文Iから法学部に進む契機となったのは、オリエンテーションでした。法学部、経済学部それぞれから一人ずつ教授が来て、文Iの学生八百人の前で、学部の説明をするのです。法学部教授のオリエンテーションは印象的でした。

「経済学部の教授は君たちに、『経済学は科学だ。然るに法律学は技術に過ぎない。科学者は技術者よりも高尚だ。経済学部に来なさい』と言うだろう。しかし、それにだまされてはいけない。法律学は帝王の学問であり、科学者は皆、帝王に奉仕するのだ。法律学こそ、志ある者に相応しい学問だ。ちなみに言っておくが、私の意見に一の重みがあるとすれば、我妻栄先生の意見は十の重みがある。他大学の群小学説は全部加えて一の重みくらいだ。従って、答案には私が唱え、我妻先生が支持している学説は通説として引用しなければならない。しかし、君たち自身の意見には何の重みもないのだから、それだけを書いた者には点をあげない」という趣旨で、今でも「これこそ法学部だ」と思ったことを鮮明に覚えています。

人間学こそ帝王学

その後法学部を卒業し、実社会に出て分かったことは、法律学もまた帝王に奉仕すべきものだということでした。真に帝王学と言えるのは人間学であり、むしろ文学や歴史学なのではないかと思います。ところが、法学部出身者にはオリエンテーションに来た教授と同じように考えている者が少なくない。「頂点に憲法があり、その有権解釈をする法制局長官が憲法の番人として控えている。総理大臣も誰もかもこのシャーマン、すなわち法制局長官に平伏するべきなのだ。それが法治主義というものだ」などという考え方、また「法律は帝王の学問だ」ということを「法律こそ帝王であり、その解釈をする法律家は帝王の代理人だ」とすり替えている考え方、そのような勘違いが法学部出身者には少なくありません。この履き違えた法治主義が、日本を駄目な国にしていると感じることはしばしばです。そして、私たちの時代の二倍以上の厚さになった今日の六法全書を見るたびに、これこそが日本国という船に、過去五十年間にわたって法学士が付け続けた「カキの殻」

の集積だと思うのです。

私は法律の勉強そのものにはそれほど興味を持ちませんでした。勉強は一応人並みにはやりましたから、法学部での成績は悪くはなかったと思います。良い成績を取るには、効率的な方法があります。授業によく出ることで、授業できちんとノートをとり、前の学期、前々の学期の講義録と重ね合わせてみると、当該学期の詳しくなっているところが分かる。これは先生がその年の課題として研究しているテーマである可能性が高い。従って、そういうところは試験問題として出てくるという傾向があります。そのように授業によく出ることによって効率的に良い成績を取るということをしましたが、法律そのものを自分の職業とする気にはなれませんでした。

岡先生のエピソード主義

面白いと思ったのは、教養学部でいえば国文学とか地学とか、法律に関係のない分野でした。法学部では、日本政治外交史の岡義武先生の講義、あるいは日本法制史の石井良助先生の講義といったものが興味をひいた科目でした。岡先生のお弟子さんが担当した西洋外交史も面白い授業でした。

私は三年生で岡先生の講義を取った後、四年生になってから岡ゼミに所属することになりました。その後も付き合いのある何人かの友人がやはり岡ゼミを通じてできました。岡先生の日本政治外交史は、当時、マルクス史観により観念的に説明される歴史に比べると、人間本位、エピソード中心で、大変面白かったと思います。日本の明治維新というものが「民族独立革命」であるという定義で、様々なリーダーたちの日記や書簡、著書など、そういったものを丹念に引用しながら展開される岡先生の授業は、法学部の他の授業にはない、新鮮な興味をひき起こした覚えがあります。

「歴史は思想でも科学でもなく、物語なのだ」と感じました。ゼミナールは日本の朝鮮半島や中国大陸政策をテーマとしたものでした。その政策について明治以来影響力を持った様々な人たちの著書を一人一冊ずつ与えられて、それを読んで要約して報告すると同時に自分の見解を述べるというものでしたが、大変面白いゼミでした。

「日本の安全保障の為には、朝鮮半島がバッファーゾーンとして中立でなければならない。その為にどうしたら良いか。近代化を助けて自立させるのが一番だ。否、現状を見るとその期待は持てない」。二つの流れがある中で、とりあえず清帝国の朝鮮半島支配を防ごうとしたのが日清戦争、ロシア帝国による支配を排除しようとしたのが日露戦争だったわけです。

私は黒竜会の内田良平という人物の提言を報告させられたことを覚えています。満蒙分離論でした。我々は勝手な議論をしますが、先生はいつもにこにこ笑いながらそれを聞いておられ、非常に自由で温かい雰囲気のゼミでした。東大の法学部というのは、大事な授業ほど何百人もの人間が一つの教室で聞くというマスプロでしたが、教授と学生の間の距離がほんの一〜二メートルであるという身近な存在として指導を受けられたのは、私にとってはこの岡先生の日本政治外交史のゼミだけでした。卒業してから後も私が興味を持ち、読書習慣の重要部分となった分野として、国際政治、外交、安全保障といった問題がありますが、それは岡ゼミで受けた影響の結果だと考えています。

就職が決まった時、それを報告すると岡先生から各人各様の助言を受けました。私が国鉄に入社することになったと報告すると、先生は「鉄道は専門家の世界だ。鉄道の仕事だけをやっていると視野が狭くなってしまうので、一日に十分でも十五分でも良いから全く鉄道に関係のないものを読みなさい」と言われました。「それが一生蓄積すると、大きな差になる」とのお話でした。

逆に大蔵省に就職した者には「いろんな情報が黙っていても入って来るところだから、

大局を見るには良いが、何か一つ自分の得意とする分野を決めて掘り下げたらいいのではないか」とおっしゃっていました。結果として、私は岡先生のアドバイスを守ってきたように思います。高校時代は受験、大学時代は何か一生の糧となるものを得ようという焦りのようなものを感じながらの読書でしたが、社会人になってからは再び自由な楽しむ読書に戻りました。

自分は何がやりたいのか

小学校の頃から大学を卒業するまで一貫して私の行動規範は、周囲の人たちの期待に応えるということでした。一方では自由な空想に遊びながら、もう一方では親からは良い子だと、先生方からは優れた学生だと、友人たちからは安心して付き合える友人だという評価を受けるような生き方をする。周りの人々の期待に応える。それが学生時代の私の生き方でした。この考えは社会人になって百八十度の転換を余儀なくさせられることになりますが、その移行過程が「蛹化」なのです。国鉄に入社して数年を経た時、母が「敬之は学生時代は優しく良い子だったのに、最近は別人のように荒びてきた。国鉄は悪い職場である」と、妹たちに話しているのを耳にしたことがありました。いずれにせよ、そのような感じで、大学生活は終わりを迎えました。

大学に入学した時、私は「卒業するまでには、自分が何をやりたいのか、何に向いているのかはっきりするだろう」と思っていましたが、そのことは最後まで分かりませんでした。それでは、就職の時にどう考えたか。何がやりたいか分からないし、どういう人生を生きようか、まだはっきりしない。しかし、一生学問に打ち込むほどは学問好きではない。取りあえず就職はしなければならない。私は就職することによって将来の自分の可能性をなるべく限定されないようにしようと考えました。行政官になると、日本全体を視野に収めた仕事をして、大局観を持てるだろう。その上で途中から経済界に転ずることもできるし、政界に乗り出すこともできる、あるいは様々な分野で学生に教えることもできるのではないかと思い、国家公務員になろうとまずは考えました。大学生時代も、小中高等学校と同様、「学び」は勉強、「思い」は空想、「行う」は交友であったと思います。

国鉄との奇縁

そんな折に私は学生証と定期を落としました。それを取りに行った時に荻窪駅の助役さんから「あなた、東大法学部の学生なら、国鉄はいいですよ。出世が早い。四年経ったら課長、十年経ったら部長、二十年経ったら局長になりますよ」と言われました。それまで私は国鉄には大学卒の職員はいないものと思っていました。当時大学の就職担当に平木助教授という名物的な方がおられ、オンケルという愛称で学生に親しまれていた。その平木先生に聞いてみたところ、「国鉄は『大蔵・通産・国鉄』と言われるくらい難しいんだぞ」と言われて、難しいなら受けてみようと思い、国鉄に関心を持つようになったのです。

調べてみると、当時総理大臣候補の筆頭にいた佐藤栄作さん、防衛庁長官をやった伊能繁次郎さん他、政界にも少なからず国鉄出身者がいました。経済界に転じた者、大学教授になった者など多彩な顔ぶれが見られ、デスクワークと現場統率の両方を兼ねた面白い職場のように見えてきた。

しばらくして平木先生から呼び出しがあり、出頭すると「君は国鉄に受かったら必ず入ると約束するか」と尋ねられました。「入ります」と答えると「それでは、今国鉄が募集している奨学生の推薦名簿に入れてやろう」ということになった。「青田買い奨学金に協力する気はないので、六人の推薦依頼には応募者のうち成績上位の者から順番に五人選ぶが、一人も入らないのはさすがに心苦しいので、君が約束するなら最後の一人に入れておいてやる」というお話でした。「入れておいてください」と咄嗟に答えたことで、私の就職は決まりました。ちょうど、今の金額に直せば、月六万円くらいを支給されて、入社すれば返還しなくてよいが、入社しなければ卒業後に二年で返すというものでしたが、結局六人の中で私だけが入社しました。

第二章　国鉄入社後の「迷い」と「自信」——「蛹化」する時代

「有法子」を座右の銘に

「蛹化」というのは、幼虫が蛹になるその過程、移行期を意味します。大学を卒業して実社会に入る、その環境の差に適応するための移行期は「蛹化」と似ています。実社会の現実、大学あるいは学校と社会との相違そして変化というものを認識する、それが「学ぶ」ことであり、それに順応することが「行う」ことであり、そのために迷い、「迷想」するのが「蛹化」する時代の特徴と言えるでしょう。

私の場合は昭和三十八年に国鉄に入社して、アメリカに留学し、帰ってきて名古屋の鉄道管理局の貨物課長を終えた昭和四十六年までがこの期間にあたります。昭和三十八年四月一日の入社式の日に、私は奨学資金の選考責任者だった総裁室秘書課の吉井浩総括(後の国鉄常務理事)に少し早く来るように言われて、式の少し前に出頭しました。

吉井さんからは「十河《そごう》総裁は昔気質《かたぎ》な人なので、総裁が辞令を渡す時に決して下を向いてはいけない。目を合わせて見据えるようにして辞令をもらいなさい」とアドバイスをもらいました。私は言われた通り、目を十河さんの目から離さないようにして辞令をもらいました。他の人間はどのようにしたかは分かりませんが、全員に辞令を渡し終わった後に、十河さんから訓示がありました。その訓示で「国鉄は今、難局にあり、自分は線路を枕に討ち死にする覚悟である。その討ち死にをする同志を今日は迎え入れるのだというつもりで一人一人に辞令を渡したのだが、どれもこれも皆頼りない都会のひ弱な秀才みたいな者ばかりで、大変失望した」というようなことを言われました。

その上で「新入社員の皆さんに歓迎の言葉を贈る。私は満州鉄道の理事をやっていた時代以来、蔣介石やその幕僚と近しい付き合いをやってきた。彼らはこう言っていた。『中国人は世界中から侮られている。それは何かちょっと困難に直面すると、すぐ没法子（メイファーズ）と言ってあきらめてしまうからだ。没法子とは、もうどうしようもないという意味である。中国人がどんな場合でも没法子ではなく有法子（ユウファーズ）と、何か必ず対策はあるという言葉を自分たちのモットーとするようになった時に中国は一流の国になるであろう』と。その言葉に私は共感したので、自分の座右の銘にしている。君たちも座右の銘にしなさい」と訓示をいただきました。

入社式の後すぐに、私たちは国分寺の中央鉄道学園に入り、そこで約三ヶ月間の座学を受けることになるわけですが、中央鉄道学園に行くと総裁の書いた「有法子」という額が掲げてあったのを記憶しています。

当時の我々の心境としては、「線路を枕に討ち死に」とか「有法子」とか、時代がかった事を言う人だと思ったのですが、十河さんはその辞令を交付した一ヶ月後に前の年に発生した三河島事故（常磐線三河島駅構内で発生した二重衝突事故）の責任と、東海道新幹線の建設費が当初計画していたものの倍近くに膨らんだことの責任を取って辞職をしました。まさに、線路を枕に討ち死にしたわけでありましたが、我々自身もその後国鉄経営が悪化し、その中で線路を枕に討ち死にし、有法子を試されるめぐり合わせになったことを思い合わせると感慨深いものがあります。

座学は暗い話ばかり

中央鉄道学園の教育は全寮制で三ヶ月の座学をやり、それから六ヶ月間、全国各地の鉄道管理局に分れて配属となり、そこで一通りの現場実習をやり、また中央鉄道学園に戻って三ヶ月の全寮制の座学をやるという一年間のカリキュラムでした。然る後、各人それぞれの系統ごとに本社の各局に配属になり、見習い幹部候補生として三年間の下働きをします。通算四年間の見習い期間は他の中央官庁や一流企業と比べ非常に長いので、それだけ基礎的な教育を重視していたとも言えるし、時間を空費しているようにも思えました。

前期の座学は、本社の課長補佐クラスの人たちが次々と講師として訪れ、鉄道の概論のようなことを話してくれましたが、そのいずれもが極めて暗い話ばかりで、いかに日本国有鉄道という制度の中に問題があるかを繰り返し、それを聞いていると国鉄の将来は大変困難だと感じ取らないはずはないように思われました。私は少なくともそう思いましたが、ほとんどの者は私ほど悲観的にはならなかったようです。また、課長補佐たちの話や雰囲気がいかにも事務的で、新しく入る職員をいかに動機づけるか、鼓吹鼓舞するかという熱気の代わりに、停滞した組織の内向き思考の兆候を皮膚で感じたわけです。

座学が終わって、七月一日以降、数人ずつ各地方の鉄道管理局に現場実習学士として配属されることになりました。我々が属していたグループは「本社採用学士」と呼ばれていて、各系統ほぼ十五人から二十人、従って、事務（法律・経済）、土木、機械、電気（強電・弱電）合わせて六十人から八十人くらいの人数で、民間企業のいわゆる総合職に似ていますが、当時四十七万人の職員が働く組織を経営する要員としては少な過ぎたと思います。旧軍における陸大、海大にあたるものでした。国鉄内では「学士さん」という言葉が何の違和感もなく日常の職場で使われており、驚きました。

初めての現場

現場実習において、私は事務系統の者一人、土木系統の者一人と合わせて三人で広島に赴任し、十畳の和室に三人で寮生活をしました。初めて家を離れて生活する経験でした。広島での実習というのはあらゆる現場の仕事を経験するものであり、十二月まで行われました。駅、車掌区、機関区から始まり、施設、電気、その他あらゆる職場を順番に見てまわったのです。現場の実習はそれなりに新しく、面白い経験をすることができましたが、それは半年あまりの期間だったからだと思います。それを通じて、将来自分たちがどのような仕事をするのか、やらなくてはならないのかを知るというよりは、むしろ最前線の現場ではどのような仕事があり、どのように仕事がなされているのかを見るのが主たる目的だと思いました。

事務系統について言えば、まず広島駅から始まり、広島車掌区、広島運転所、広島操車場というように一ヶ月くらいずつ転々と配属先が変わりました。工場、保線、電力、通信など技術系の職場は十日、一週間あるいは数日ということもありました。全く異なった立場の人々と人間的付き合いをするわけですから、毎日いろいろなことがありました。

その一つをお話しましょう。ある日広島から小倉まで、「小口混載《こぐちこんさい》」列車の車掌見習をしたことがありました。各駅に停まって、「有蓋車《ゆうがいしゃ》」の中に積んだ小口貨物の箱を降ろしたり積んだりする、ローカル旅客列車のような貨物列車です。旅客は自分で乗降しますが、小口貨物は荷扱手が十名近く乗り込んでおり、「手鉤《てかぎ》」でもって降ろし、積み込みます。

夕方広島を出て、早朝に小倉に着く。小倉で荷物を全部降ろしてから、帰りの列車は空車を引いて、午前中から夕刻にかけて広島にゆっくり走りながら戻る。その車掌車の中で、車座に座って昼食を食べるのですが、その時に車掌がおもむろに口を開きました。

「学士さん、今の世の中は間違っているとは思いませんか。日本はアメリカの帝国主義の手先になっていると思いませんか。労働者の幸せな社会はこのままでは来ないと思いませんか」など様々な議論を仕掛けてきました。その種の議論は大学時代、あるいは中学・高校時代から慣れ切っていましたので、いちいち真正面から反論し、論破するわけです。

すると車掌は車座になっている荷扱手の各人を見渡して「君たち、私の意見と学士さんの意見と両方聞いてどちらが正しいと思うか」ということを聞く。当時の国鉄の現場では上位職から順番に士職、掛職、手職などの職名に分類されていましたが、荷扱手は手職に該当していました。私は荷扱手がどのような顔をするか見ておりましたが、彼らはなかなか知恵がありまして「私たちは教育、教養がありませんので、今車掌さんや学士さんがいった内容はさっぱり分かりません。難しい問題は理解できません」と言って聞く立場に専念していました。同じようなことは、寮でも体験しました。全く違う立場で激しい議論を戦わせても、相手にならず話をしないよりは、ずっと仲良くなれるんだということが分かりました。

一年で退社を決意

しかしながら、一通りの現場実習が終わりに近づくにつれ、「私は本当にこの国鉄という職場に一生をかけて良いのか」という迷いを深めて東京に戻って来ました。一月から三月まで、再び仕上げの座学があるのですが、その期間中迷っていました。一旦は「ここを辞めよう、辞めるなら早い方が良い」と思い立ち、大学の法学部で唯一直接、小人数のゼミナール形式でご指導をいただき、感銘を受けた教授である岡義武先生のところに伺い、「もし大学に戻ったら、助手にしていただけますか」という話をしたことがあります。定年間近であった岡先生は、私が不動の決心をしているのではなく、ただ迷っているだけであったことをお見通しだったと思います。二つ質問をされました。一つは「君には一生遊んで暮らせる財産がありますか」ということ。もう一つは「君は語学は得意ですか」ということ。そこで私は「一生遊んで暮らせる財産はありませんが、住む家は親の家があります。語学は英語は人並みよりましだと思いますが、ドイツ語はやりましたが全く身につきませんでした」と答えました。岡先生は「勉強の方はやれば何とかなるでしょう。住む家があればまあ良いでしょう。よく考えてどうしても会社を辞めて戻りたかったらもう一度来なさい。その時には相談に乗るから」と言われました。

私はその話を伺った後、中央鉄道学園の我々の教官であった先輩に「辞めて、大学に戻ろうかと思う」という話をしました。その先輩は大変驚き、思い留まるように説得しました。先輩は「国鉄に入って一年経つ。あと二年あまり経つと君は地方の管理局の課長になって、二十人から三十人の部下を使うようになる。せっかく国鉄に入っても、このまま辞めてしまえば、国鉄では何も得るものがなかったことになる。二十人もの部下を使って仕事をすれば、そこで何かを得ることができる。その上で、どうしても学問の世界に戻りたければ戻ればよいのではないか」と説得しました。

私が国鉄を辞めようと思ったのは、ここにいても自分の人生を有意義に過ごせるとは思えなかったからであり、それでは何をやりたいのかと聞かれると、大学生だった頃と同様にはっきりしなかったのです。お世話になった吉井さんや何人かの先輩たちにも不義理をすることになる。板挟みとなって、ずいぶん迷いましたが、結局は先輩に説得され、しばらく留まることにしました。

三十五歳までの間に本当にやりたいことが現れた時には、その機会を逃さないようにしよう。それまでは、この世の全てのことが自分の人生に関わりがあることだと思い、関心を広く取りながら、自分が選んだ国鉄に居続けようと決めました。岡先生にはお詫びを申し上げました。先生には「それが良い」と言っていただきました。

今になって思うと、私の迷いは大学から実社会に移行する時に多くの人々が通る、通過しなければならない道標のようなものだったのです。何かどうしてもやりたいことがある場合には、ためらうことなくそのやりたいことを追うべきだと思います。しかし、ここはあまり面白くないから、どこか別のところに行こうという程度の気持ちであれば、一旦選んだ道は守り続けた方が良い。そうすることが自分のためになるということが、これまで鉄道で働いてきて思う実感です。私は新しく入ってくる大学卒の人たちにはそのようにアドバイスすることにしております。

アメリカに留学

退社を思い留まった後、今度は、三年間の本社での見習いの時期を過ごすことになりました。本社の見習いというのは、何か特定の担当があるわけではなく、私は経理局財産課、資金課、そして旅客営業局都市交通課の見習いをそれぞれ一年ずつやり、課長からの特命事項を研究したり、資料の清書やコピー取りなどをやりました。このような三年間を過ごすことは大変な苦痛でした。中央官庁や大企業に就職した同期の者たちは責任を持たされて、充実したキャリアを積み上げているように思えたものです。その間にますます迷いは深まっていくという状況が続きました。

三年経ったところで、地方鉄道管理局の課長に出ます。多くは、人事、労務を担当する人事課長となります。私の場合もそうなるだろうと思っていましたが、その頃、日本政府が国家公務員在外研究員制度を創設し、若い官僚を海外の大学院に留学生として派遣し、修士号を取らせるというプログラムが発足しました。国鉄は官庁そのものではありませんが、国家予算の一部を成している。そこで国鉄にも誘いがかけられました。私は大学に戻るなどと言っていたこともあったからでしょうか、総裁室秘書課から「海外留学をする気があるなら人事院の試験を受けるように」と言われたのです。私は二つ返事で留学を引き受けました。

先輩たちの中には「国鉄で海外留学をしても何の得にもならない。国鉄も赤字に転落して、乾坤一擲、昭和四十三年のダイヤ改正で立て直しを図ろうとしている。その時に国を離れて大学院で勉強しても、現場での実践を見る以上に得られるものは何もないではないか。それに出世街道から外れることになる。すぐに断ってこい」と言う人もいましたが、私は日本では法学部で学んだので、このチャンスに経済学を学び、同時に英語の実力を高めることができれば自分の将来の幅を広げる上で絶好の機会だと思ったのです。アメリカでは、ウィスコンシン大学の経済学部に留学することにしました。エール大学などいくつかの大学に並行して願書を出していたところ、ウィスコンシン大学から真っ先に入学許可が届いたからでした。

アメリカに留学したことは、大変良い経験になりました。まず、慣れない英語で何もバックグラウンドがない経済学という分野で修士号を取ったことはある種の自信になりました。どこに行っても何とか生きていくことができるだろうという自信、これは単なる幻想に過ぎないかもしれませんが、そうした自信を持って帰って来ることができました。

もう一つはっきり分かったことは、それまでは学問の世界に戻ろうかとも思っていましたが、やはり学問そのものはそんなに自分の好む世界ではないということを再確認しました。またその分野で本当に優秀な人たちが何人かは必ずいるのだということも分かりました。従って、自分の住む世界として、経済学という世界、あるいは大学という世界はやはり相応しくない、と思って帰って来ました。

三番目に良かった点は、その時に一緒に留学した仲間、あるいは留学先で知り合った友人たちなど一生の良い友人を得ることができたことです。例えば、現在公正取引委員会の委員長を務めている竹島一彦さん、また東京高検の検事長を務められた木藤繁夫さん、運輸審議官を務められた戸矢博道さん、ブルガリア大使を務められた藤原武平太さんは留学を機に付き合いが始まりました。また大阪高検の検事長を務められた頃安《ころやす》健司さん、ヤマサ醤油社長の濱口道雄さんはウィスコンシン大学以来の友人です。いずれも一生のお付き合いを今でもしています。人が仕事をする上で強い相互信頼で結ばれた社内の僚友は不可欠です。出処進退を共にする、刎頸《ふんけい》の交わりというべきものです。そしてそれと同時に大局的な視野と長期的展望に立って、新しい課題に着想し、企画立案を進めていく上では、幅広い世界の尊敬し合える友人のネットワークが大切です。これは利害関係で結ばれた人脈ではなく、「淡きこと水の如き」「君子の交わり」でなければ永続きしません。人は一生をかけてこのような信頼に足る人々とのネットワークを作っていかねばなりません。留学はその大切な機会を与えてくれたのでした。

学生紛争に対する日米の違い

アメリカの大学では、学問以外にも貴重な経験をしました。昭和四十四年の二月、ウィスコンシン大学で学生の暴動が起こったのです。その年、学生紛争は世界中を覆う波のようなもので、パリではド・ゴール政権が倒れましたし、アメリカ各地の大学でも相次いで紛争が起こっていました。アメリカの場合、底流にあったのはベトナム厭戦だったと思います。ウィスコンシン大学での旗印は黒人学部の創設要求でした。米国全体での黒人人口比率と同じ数の黒人学生を無試験で入学させろ、黒人学部を作ってカリキュラムの決定、教授の任免権を黒人学生に与えよという乱暴な要求でしたが、たちまちに一万人以上の学生が同調する大騒ぎになりました。

大学は直ちに警察を導入、鎮静化を図りましたが、州全体から動員された警察官は二百人足らずで、催涙弾を使い、ショットガンを持って並んだ警官は緊張に青ざめ一触即発の空気でした。不測の事態を危ぶんだ大学当局は直ちに州兵の出動を要請、三千人余りが装甲車やトラックで入って来ました。体育館や運動場に設営、即日教室をクリアすると全てのドアを数人ずつがカービン銃を持って固めたのです。州兵の司令官はあらゆる媒体を通じて、現場の兵に実弾を込めさせており、秩序維持のために必要なら銃器を使用するよう命じてあること、従って建物に侵入・占拠しようとして撃たれても責任はその者にあることを布告しました。

一方大学当局も、教室が使用できるにもかかわらず授業を放棄した教員は直ちに解雇する旨を発表、程なく授業は正常に復しました。十日後、キャンパスは何事もなかったかの如く平穏になっていました。力で鎮静化した後、大学当局は本問題についてテレビでのパネルディスカッションを行う旨を発表、学生のリーダーにも参加を呼びかけましたが学生側が参加を拒否、自ら自分たちの主張に合理性も正当性もないことを吐露した形になりました。この問題に対するパネルディスカッションは、スタジオに電話で質問をすると教授陣が画面を通して答えるという形でしたが、これにより市民や一般学生との対話が行われ、大学当局への世論の支持は確固たるものとなりました。

ちょうど同じ時期、私の母校である東京大学は、一年にわたり学生に占拠され麻痺状態にありました。教授陣の集団吊るし上げが行われ、学生同士が傷つけ合い、研究室は破壊され、授業は全く行われませんでした。このままでは入学試験もできないという頃になって一般学生が立ち上がりました。学生同士の衝突が必至と見るや、大学当局は「学生の死傷を避けるための緊急避難」を理由に警官の出動を要請、秩序が回復されましたが、入試はなくなり、過激派学生に占拠されていた安田講堂は何年も荒廃のまま放置されました。

私のいたウィスコンシン大学の処置と、かつて学んだ東大のやり方は対照的で強く印象に残りました。ぎりぎりまで決断を先送りし、不毛の学生宥和努力に一年間を空費した挙句、誰の目から見ても他に術のない状況になってはじめて「学生の死傷を避けるための緊急避難」という受身の対応をした日本のやり方と、公共施設の管理義務に基づき速やかに決断し、理詰めに必要十分な対処をした後で学生・市民との対話を行った米国のやり方は、まさに対照的でした。さまざまな局面における日米間の行き違いを見るたびに、私はこの時のことを思い出すのです。同じ問題に対するかくも著しい対処方法の差異、それは大変印象的でもあり、示唆に富んだ体験でした。

また、ウィスコンシン大学で学んだ経済学の知識そのものは、日本に帰ってから分割民営化の企画立案をしたり、かつそれを人に説明する上で有力なツールとなりました。私は留学する直前に結婚をしてアメリカに行きました。現地で長女をもうけることができ、その面でも大変充実した留学生活でありました。

名古屋の貨物課長に

留学から帰ってきて、すぐに名古屋鉄道管理局の貨物課長になりました。鉄道管理局の課長を二度やらせるのが当時の幹部養成の人事運用の基本になっており、一度目は通常は人事課長、次に営業の旅客課長あるいは貨物課長をやるというパターンが比較的多かったのですが、その一度目の人事課長にあたる部分を私は海外留学しましたので、二度目にあたる貨物課長をするということになったわけです。

国鉄に入る動機であった、「国鉄は早く出世しそして早く退職し次の人生の展開が期待できる職場だ」という考えは、入って一年経つ頃には単なるイリュージョンであることが分かっていました。佐藤栄作さん、その他の政界で活躍している人たち、あるいは経済界に転出している人たちの姿というのは、三十年前の国鉄の、あるいはそれ以上前の国鉄の残照であり、私たちには望むべくもないものでした。

名古屋の貨物課長という仕事ですが、私にとって名古屋は初めての土地でしたし、貨物も課長の仕事も初めてでした。従って、アメリカの大学院から帰ってきて、突然、場所も人も責任の範囲も、また仕事の内容も分からないところに赴任した時は、大変緊張しました。

貨物列車はほとんど夜走りますから、貨物課長は毎朝、貨物当直指令からのブリーフィングを受け、前日の貨車の使用状況、列車の運行状況を掌握します。その上で「良し」とか「ここはこうするべきだった」とか言わなければなりません。ところが、最初はそこで使われる言葉の意味が全く分からない。「ウヤ」というのは運行休止、「ケス」というのは牽引定数、「ハセ」というのは発送整備車、そして「沈める」というのは列車を退避させるようなことだということは、その後分かりましたが、最初は英語を聞いている以上に分からない。ちんぷんかんぷんの中でどうすれば良いか。ブリーフィングを受けた上で、毎朝「良し、解放」という決まり文句を繰り返すほかありませんでしたが、部下たちは何も分からない自分を馬鹿にしているのではないか、そして自分が本当にこの仕事が務まるんだろうかという恐れを抱き、毎日悩んだものです。そんな時は、「先輩も同僚も皆、何とかこなして来たのだから自分も何とかなるはずだ」という自己暗示をかける以外はありません。

知ったかぶりは失敗のもと

後になって次第に分かったことですが、何か新しいチャレンジを行う時に怖れを抱き、悩むのはごく普通のことですし、恐れを抱く者は大きな失敗をすることはありません。しかし、何の恐れも抱かないで平気でいられる者は危険なのです。また、知らないことを知ったかぶって言うと、かえって馬鹿にされることになる。知らないことは知らないとしても、一向に差し支えない。本当に知らない時は質問もできないので質問もしない、黙って聞いていることが得策であるということも分かりました。

そのうちに、三ヶ月経つと何となく言葉が分かり、質問能力が出てきます。六ヶ月経つと部下の人格、能力を判定し、自分の意見を持つこともできるようになります。そして、ちょうど一年が経つと全て理解した上で、次の一年間に何が起こるかが大体予測ができるようになる。その時に自分の考えを明確に出せばよい。それまでの一年間は前任者の路線に乗ってじっくり見極めるのがよいと、この時期を通じて学びました。

また、担当の人たちは一生をかかって、貨車運用、列車運用、営業制度など現場の実務を勉強してきています。それと同じ次元で彼らよりも、自分が優れた知識を持たなければ人の上に立てないと考えるのは全く誤っており、むしろ、彼らができないこと、自分だけができることをもって、彼らの仕事を俯瞰する。彼らとは異なる次元でものを考えなくてはいけない。細かいことについて同じレベルである必要はないのです。

例えば本社との折衝能力を発揮すること、的確な経営判断、大局的な経済動向判断を行うこと、あるいは荷主の輸送責任者、その多くは一流大学のエリート社員ですが、それらの人々と対等に渡り合えること、的確な人事ができることなどが不可欠です。そういうことはたたき上げの専門家にはできない。その上で部下には常に分かりやすく語り、公平に接する。それで充分なのだと理解するに至りました。

確信を持って発言し、後は揺れることがない。部下の能力を正確に把握し、多くの人々から信頼されている人物との信頼関係を作り、そして、その人をきちんと人事で遇してあげることによって組織は動くものだということが分かりました。名古屋の貨物課長も自分の成長にとって大変有意義なポジションでした。一年半後の昭和四十六年二月に新設されたばかりの本社経営計画室の主任部員へ転勤が決まりましたが、私の「蛹化」する時代は名古屋の貨物課長をもって終わったのです。

学生時代と国鉄という実社会の相違に遭遇し、その変化に迷想し、何とか折り合いをつける、つまり妥協し順応することを含め、本質的問題は十五年先送りするとともに、国鉄内の仕事にある程度の興味と自信を持った時期でした。

第三章

国鉄崩壊への足音――「蛹」の時代

自分の座標軸を持つ

学生から社会人になって、私が感じた学生と社会人との本質的な相違点をいくつかお話します。

一つは学生というのは期間が限られています。四年なら四年間で終わりです。しかし会社の場合、転職しない限り定年まで同じ世界が続いていく。これはあらゆる面での仕事の仕方、人との付き合い方に変化をもたらす一つの要素だと思います。

二番目は大学の場合は、教授は自分が何を教えているのかについて明確に自覚をし、そして教えたことについて、試験で学生に問いを出します。従って、教授はテストの正解を自分で知っている。そしてそれを十分理解して解答を書いた学生が満点をもらうという自己完結した仕組みになっている。ところが実務社会の経営者は会社にとって、組織にとって、自分にとって何が重要であるかということを常に知っているわけではありません。結果として、様々な外的要因によって物事は影響を受けますし、何が正解であるかも変わってきます。つまり、上司は教授とは違い、何を問うべきなのか、自分が何を問われているのか、それを分かっていない。問う側も問われて答える側も変動するということです。こういう場合、取るべき方法は唯一つ。上司や部下、あるいは交渉相手との距離を測り、その期待に応えて評価を求めるのではなく、自分の座標軸を持ち、自分の座標軸によって自分の座標を定め、方向を判断し、自分の責任において行動する。それがベストの方法です。他人から評価されて自己の存在価値を測ろう、あるいは支えようとする者は、常に失敗する。学生時代の私はそうでした。学生時代はそれで良かったのです。しかし、実社会では、自らが信じる合理性、正当性に基づいて行動すること、つまりは独立自尊の精神が肝要なのです。

国鉄経営は急速に悪化

「蛹」の十年間の前半六年間は、私は国鉄本社の課長補佐をやっていました。最初の三年間が本社経営計画室主任部員、次の三年間が本社経理局で、まず主計二課総括課長補佐、続いて主計一課総括課長補佐でした。経営計画室では長期計画班の実務責任者として、第二次再建計画の長期収支試算を担当していました。また、主計二課は国鉄の設備投資予算の要求と執行、主計一課は運営費予算の要求と執行の事務を取り仕切る仕事でした。

ここではっきり分かったことは、国鉄経営が急速に悪化しつつあり、早晩このままで行ければ救い難くなるという現状であり、それが経営に対する政治の介入と行政の政治に対する迎合に起因しているということでした。国鉄の場合、公共企業体ということで、運賃、賃金、設備投資など経営の重要事項の全てが政治の場、国会で決定されることになっていました。その結果、適時適切な運賃値上げ、過疎化により赤字化したローカル線の廃止、インフラ投資がもたらす外部経済効果に見合う政府助成、要員合理化など必要なことは全て明らかであったにもかかわらず、これらはいずれも不十分、不徹底、時期遅れにしか実施されませんでした。

国鉄では、昭和三十七年に三河島事故、昭和三十八年の鶴見事故（東海道本線の二重衝突事故）で多数の死傷者を出したことにより、世論の空気は首都圏の主要路線を複線から複々線に増設し、ダイヤの密度を緩和することが避けられない情勢になっていました。それをもし実施するとすれば膨大な設備投資資金を確保するための運賃値上げと、政府による設備投資資金の負担が不可欠であると誰の目にも明らかでしたが、その大部分は財政投融資からの借入れとし、一部は民間借入れという形で、国鉄の負担と責任で調達されました。

当時は、日本の経済は高度経済成長期にあり、また自動車、航空機も急速にその輸送量を伸ばしていたために、もし国鉄が十分な設備投資を行い、競争力を維持すれば、それに匹敵するような輸送量の伸びと収入増をあげることができるという仮説が一応の説得力を持ちえたわけです。これをベースにして、昭和四十四年を初年度とし、昭和五十三年までの十ヶ年の第一次再建計画が立てられていました。これは、財政投融資を貸付けるための免罪符として必要だったわけで、誰もその成功を信じていませんでした。

それに先立つ昭和三十九年に国鉄は赤字化し、昭和四十一年には累積赤字化していました。第一次再建計画は、経営合理化と設備投資により赤字経営を黒字に転換するという建前で計画が立てられていましたが、恐らく二年経ったところで計画の練り直しが必要になるだろうということは、国鉄だけでなく、政府、与党関係者のいわば暗黙のコンセンサスとなっていたのです。

問題先送りの「再建計画」

私が経営計画室に赴任した昭和四十六年は、ちょうどその見直しを必要とする年にあたっており、昭和四十七年度予算案の編成に関連して、新しい長期計画の策定作業が始まりました。第一次再建計画の失敗が明らかになった以上、財投貸付で問題を先送りするためには、どうしても新しい十年計画を作り、それを政府が承認することによって、財投を貸し付けても安全であると保証をすることが必要でした。私はそのための長期収支を算定する班の担当主任部員として作業部隊を率いていたわけです。しかしながら昭和四十七年を初年度とする第二次再建計画は、第一次再建計画と同じように不十分、不徹底な対策を講じつつ、問題を十年先に先送りし、その間の設備投資による競争力強化に依拠して輸送量、収入の伸びを過大に想定し、全ての辻褄を合せようとする先延ばしの計画でありました。

その時の通常国会では、沖縄返還をめぐる与・野党の政争が熾烈でした。しかも沖縄返還を花道に佐藤総理は退陣することが決まっていたので、佐藤内閣退陣後の総理の座を争う自民党内の福田・田中・大平・三木の政権抗争が国鉄再建よりも優先されるありさまでした。運賃改定法案もその巻き添えで対決法案となり、土壇場で廃案の憂き目を見ることになりました。

田中角栄内閣成立後、引き続き昭和四十八年を初年度とする改訂第二次再建計画案の策定作業にも加わりましたが、これは列島改造論による土地投機と、第一次石油危機によるエネルギー価格高騰が合併した狂乱物価のため、実施がさらに一年半も延期され、実施された時にはもうすでに手遅れという形になっていました。

そして、その反省に基づいて、今度は十年もの長期計画ではなく、短期決戦で行くことになりました。昭和五十一年度から運賃値上げを一気に五〇％やり、次年度にもう一度五〇％やる。運賃を一気に倍にして収入を大幅に上げ、将来に向けて赤字を出さぬ体制にすると同時に、過去における運賃値上げの遅れ、あるいは値上げ幅の抑制の結果、累積した債務二・五兆円を別会計として国の負担で処理するという短期決戦型の再建計画案でした。

さすがの野党もこれ以上運賃値上げを遅らせることによって、国鉄経営が崩壊状態になれば、その責任の一端を持たなければならないということで、この五〇％値上げ案には、建前は反対をしつつも税金を投入するよりは良いという空気があったと理解しています。この案が昭和五十年の夏から始まった昭和五十一年度予算案の編成作業の中で浮上し、具体化されることになったわけです。

婦人団体の陳情

この頃は、私は本社の経理局主計一課の総括課長補佐をしていましたが、この時の五〇％値上げに対する反発はやはり大変強く、ある陳情団の対応をしたことを今でも記憶しています。婦人団体の陳情でした。約二十人で国鉄本社を訪れました。私は運賃値上げの担当ではありませんでしたが、担当部署が皆尻込みした結果、私が代わりに対応することになりました。彼女たちは一人ずつ、運賃値上げに反対しました。「運賃値上げすることは、私たちから故郷を奪うことである。反対である」「貨物の運賃は値上げしないで、旅客だけ値上げすることは独占資本に奉仕している。すし詰めの通勤、通学電車をまず改善せよ」「赤字ローカル線は、老人、子供など弱者の足である。弱者の足を奪う赤字ローカル線の廃止をやめ、サービスを改善せよ」「老人、身体障害者に対する駅の設備はひど過ぎる。何とかせよ」等々、様々なことを次々と主張したわけです。

私は一通り聞いた後で、「皆さんが今言われたことを全て実行すると、今でも大赤字なのに、今よりもさらに膨大な経費や設備投資が必要となります。運賃値上げがいけないとおっしゃるなら、不足分は全て税金で賄えばよろしいのですか?」と尋ねますと、婦人団体の代表者は「とんでもない、税金を無駄遣いすることは絶対に許さない」と言いました。それでは「これまでのようにとりあえず借金で凌ぎ、あなたのお子さんやお孫さんが払うことにすれば良いということですか?」と重ねて尋ねると、「借金経営がいけないということは、言わなくても分かることです。子供や孫につけを廻すなどと開き直るとは何事か」と言います。

「運賃値上げも税金の投入も借金による先送りも全ていけないとおっしゃる。それでは国鉄の労働者は働きが悪く、今の給料に値しないから人員を私鉄並みに効率化、労働生産性を上げ、賃金も下げろということですね」と言ったところ、色をなして「それが一番悪いことです。それを私たちが言うわけがないでしょう」と怒るのでした。それでは「どうすれば良いのですか？」と尋ねると、「そんなこと聞かなくても分かるでしょう。民主的な経営をやりなさい。そうすればいいのよ」との回答があり、大変興味深く聞きました。彼女たちは余程腹に据えかねたらしく、「私は、大蔵省にも、運輸省にも陳情に行きましたが、あなたのような官僚的な人物に会ったことはありません」と捨て台詞を吐いて出て行きました。最近の政治の成り行きを見ていると、この三十年余り何も変わっていないんだという思いを強くします。

運賃値上げで鉄道離れ

このような雰囲気の中で値上げが計画され、野党に顔を立てて五ヶ月遅れて、昭和五十一年十一月から実施されることになったのですが、自動車、航空機など競争交通手段の整備が進んだ状況下で、運賃値上げ五〇％は、それまで抑制されていた分の取り返しだということだけでは済まない副作用があり、旅客の鉄道離れを著しく進めることになりました。二年で倍にするという案は、一回目の五〇％だけで終わりになってしまいました。すなわち、廃案になった分も含めると、四回目の国鉄再建計画は結果的に一年で崩壊してしまったことになるわけです。

地方に転出する直前、昭和五十二年度の予算要求の主眼は、赤字ローカル線の運営費補助でした。赤字ローカル線の廃止がいけないのであれば運営費の助成を出すべきだとの国鉄側の悲願ともいえた要求を、私は予算折衝担当として要求しましたが、大蔵省、運輸省ともに絶対反対で歯が立ちません。その時は上層部が政治力に訴え、自民党交通部会長の強力な圧力により、初めて百七十二億円の赤字ローカル線助成を予算に計上しました。この百七十二億円は、私たちが期待し大蔵省が恐れた通り急速に膨らみ、私が四年後に仙台から東京に戻ってきた昭和五十六年度予算では千二百億円にまで膨張していました。

私が静岡の鉄道管理局に転出した時、国鉄経営はまさに危機的な状況になっていましたが、それでも二・五兆円の過去債務の負担軽減、五〇％の運賃値上げができたこと、赤字ローカル線の運営費補助の道を拓いたこと、昭和五十二年度からは一度に大幅な値上げをすることはやめ、消費者物価の上昇の範囲内で、運輸大臣の承認により国会の承認なしに運賃値上げを機動的にできるようにするための運賃弾力化法案が国会に提出されることになったことなどを見て、まだ全国一体の国鉄のままでやっていく余地はあると思いつつ、私は地方の総務部長に出たわけです。

静岡と仙台で総務部長

静岡と仙台の鉄道管理局でそれぞれ二年ずつ、計四年間、人事、労務を担当する総務部長を経験しました。当時静岡は一・三万人、仙台は一・六万人の規模で、総務部長はその人事、労務の責任者です。私は留学していた時期に人事課長をやらなかったこともあり、自ら希望して就任したのですが、前線に出てみて大変驚きました。現場における職場の規律は事実上すでに崩壊していたのです。

ここで簡単に国鉄の組合問題について説明しておきましょう。国鉄には主な組合として国鉄労働組合（国労）、国鉄動力車労働組合（動労）、鉄道労働組合（鉄労）の三つがありました。組合員の構成比率は国労が七割、動労と鉄労がそれぞれ一二～一三％程度です。国労は最大の労組で、当初は穏健な組合でしたが、社会党を支持し、次第に左傾化していき、ストライキを頻発するようになります。動労は国労から分裂してできた機関士・運転士などの運転関連の職員で構成する組合です。ここも当初は政治色が薄い穏健な組合でしたが、やはり左傾化し、団結力、行動力を誇るようになります。しかもこの国労と動労が対立している。鉄労も国労から分裂してできた組合ですが、民社党を支持していました。こうした複数の組合の存在が、職場管理の大きな阻害要因となっているというのが、当時の定番の説明でした。

昭和五十年にスト権ストがあり、その後、労働組合に対して国民の憤慨が高まったため、国労本部は表面的に方向転換し、働き、要求し、そして戦う時は戦うという自主規制路線になっていました。しかしそれは表向きだけで、現場では様々な悪慣行が生まれ、管理権は崩壊しかかっていました。当時国鉄には、四十二万人以上の職員がいましたが、そのうちおよそ四万人が管理者、五万人が鉄労、そして非現業や国労、動労の中の良識的な人々を含めて十五万人くらいの人間で、列車が運行されていたと思います。

職場における規律の回復、労働生産性の向上くらいは国鉄自身の力でやり遂げなくてはならないと感じてはいましたが、実は労使関係そのものが自民党・社会党体制の中で、それぞれの利権の一部を構成していました。組合は社会党の選挙の支持母体であり、その数が多いことは社会党の資金と票の多いことを意味していました。結局、政治介入が財務状況を悪化させたのと同じ理由で、労使関係を悪化させたのだということが現場でよく分かりました。

国労本部が「栄転運動」

しかしながら規律是正くらいは何とかやらなければならないと思い、積極的に取り組みました。全国で、国労は二十六万人、鉄労、動労はそれぞれ五万人程度。静岡はどちらかというと国労が圧倒的に多い管理局で、国労と話をつければ全体がなんとなく丸く収まる体質でしたが、仙台は国労と鉄労がほぼ同数の管理局でしたから、全国の労働組合構成と異なっている。それゆえ国労は全国並みに組織拡大しようとして、尖鋭的な社会主義協会派の活動家を頭にして現場協議で管理者を吊るし上げていました。国労を宥和しようとすれば、鉄労が反発する。鉄労に理解を示せば国労は極端な嫌がらせをやる。両者の板挟みになった管理局の総務部長はどうしたら良いか右往左往して自滅する。仙台の鉄道管理局は総務部長の鬼門の如く認識されていました。両方とうまくやることはできないとすれば、「管理権の基本に戻って、労務指揮に従う者は是、歯向かう者は非とする」ことに割り切るしかない。私は次々と現場労使間で結ばれたヤミ協定の是正を行っていきました。

当初、国労本部の首脳は「やりたいようにやってくれ。社会主義協会派を憎む気持ちでは私のほうが当局より数倍強いのだ」などと言って理解を示してくれましたが、実際にことが進んでいくと地方本部からはストライキの承認申請が本部に上がってくる。承認しなければ「山猫スト（一部組合員が勝手に行うストライキ）」になり、本部の指導力のなさを天下にさらすことになる。といって、ストライキを承認すれば世論の批判を受ける。

対応に苦慮した本部は、「悪慣行是正をやってよいとは言ったがやり方があるだろう」と言い始めて、かくなる上は栄転してもらうほかないと私の栄転運動をしてくれました。とにかく、どこでもいいから本社に帰してくれということでした。仙台にいてもらっては困るというわけです。東北・上越新幹線が開業する直前の、労使交渉の真っ最中でした。仙台に赴任の時には東北新幹線の開業を片付けるまで三年間いるようにと言われたのですが、結局こうして一年早く帰ることになったのです。

経営はすでに崩壊

仙台で国労が私の栄転運動をやってくれていた頃、国鉄本社、霞が関、永田町では国鉄の最後の再建計画である経営改善計画のための法律が国会で通ろうとしておりました。

それは昭和五十六年を初年度とする五年計画で、最後の再建計画という意味で「後のない計画」と銘打たれていましたが、その初年度の予算案を見ると、国鉄経営はすでに崩壊していることが明らかでした。事業収入が三兆円弱に対して人件費がその八五％、金利支払いが約一兆円に上り、政府の助成金七千億円強を加えてもなお約一兆円の赤字でした。運賃は毎年値上げをした結果、並行する私鉄の約二倍の水準になっており、これ以上は運賃値上げをすることができない状況でした。東海道新幹線の運賃もコストに比べて遥かに高い水準にアップさせられており、航空機との競争力がもうすれすれのところまで来ていました。それでもなおかつ、毎年一兆円の設備投資が予定され、赤字一兆円、設備投資一兆円、そして、返還分も含めて二・三兆円の借金が昭和五十六年度の予算案には盛られていました。

経営改善計画では、五年間で七万人の要員を削減することになっていましたが、時あたかも大量退職時代を迎えており、すでに毎年二・五万人から三万人の退職職員が出ていましたから、五年間で最大十五万人の退職が見込まれたにもかかわらず、七万人の削減は退職者の二分の一を採用することを意味し、要員削減の好機を逃すものでした。

鉄道は、その後四半世紀を経てから問題になった社会保険庁などと違い、列車が止まると直ちにその問題は国民の不便となって表れます。従って、列車が止まる、遅れるというような事態は直ちに国民の非難を呼び起こすことになるわけです。そこで一部の人々が何人分も働いて列車の運行を守っていました。

国鉄は当時、様々な労務上の問題を抱えていましたが、それでも列車は、世界で最も正確で安定した運行がなされていました。もちろんストライキとかサボタージュのようなことが頻繁に起こり、それによる遅れもありましたが、当時の東海道新幹線の一個列車平均遅延時分は三・一分（無論、ストライキ、サボタージュも含めた遅れ）で、フランスの鉄道では五分までの遅れは定時という扱いになっていることを思えば、世界一正確な運行がなされていたわけです。そしてそれを守っていたのは、管理者でありそして鉄労であり、国労、動労の中の良識的な組合員であったわけです。こんなありさまでも世界一安定的な輸送が守られていたということは、逆に言えば、四十二万人は事実上十五万人まで減らしても大丈夫だということでもあります。それが七万人削減して三十五万人でとどまっているということは、計画そのものが、依然として不徹底で不十分なものであり、失敗することはできた時から明らかだったと言えます。

毎年二兆円ずつの借金増加により、早晩、経営改善計画の失敗が天下に表明されるのが目に見えていました。しかしその責任は全て国鉄総裁にあるということが計画には書かれており、霞が関も与・野党も国鉄総裁に全てをかぶせて戦線からの脱走を図る準備体制を整えたという一事こそ、この「後のない計画」の本質でした。

栄転運動で昭和五十六年に本社に帰って来る時点では、もうこれは過去をいったん切らないことにはダメだと腹を決めていました。過去を切るというのは、過去債務の大部分を国の管理に移すということであり、そのためには、将来についての不安を払拭しなければ、政府与党の説得は不可能です。そうなると残された道は民営化するしかない、そして民営化が成功するためには分割が必須と考えたのです。四年前に静岡に赴任した時、私は分割民営化をしなくても建て直す道はあると信じていました。しかし、現場の実態に触れ、この経営改善計画の惨状を見た時、一番嫌っていた事態を覚悟するに至りました。それがちょうど私にとって「蛹」の時代の終わりの時期でした。

第四章

分割民営化を模索——「羽化」する時代

国鉄からの教育投資

国鉄入社後この時までに、私は米国留学で経済学修士を取り、名古屋鉄道管理局で貨物課長をやり、本社における課長補佐時代を長期経営計画策定部門、設備投資予算部門、損益予算部門でやって、国鉄の財政構造と年次予算の仕組みについての経験を踏み、そして地方の総務部長として労務、人事の問題をやりました。

この中で私は国鉄経営の広汎な業務を学び、与えられた枠の中で少しでも事態を改善するための工夫をこらし、仕事をしてきたのです。できるだけのことはやったという思いはありましたが、枠の内側ではそれも限界だと知りました。私が歩んだのは国鉄型のエリート養成の典型的なパターンであり、私がこのようなキャリアを踏んでいなければ、国鉄分割民営化の計画を推進する主要な役割を果たすことはありえなかったと思います。

私は入社後、最初の四年間は見習い期間として実務の形で国鉄に貢献することなしに過ごしました。さらにその後、二年間の留学を命ぜられて、大学院で学ぶ機会を与えられました。私は国鉄時代に大きな教育投資を受けたと思います。しかしその後の課長補佐六年間、地方の部長四年間、そして、それからの分割民営化のための企画、立案、推進、そして実行という六年間を考えますと、国鉄が私に与えてくれた教育投資に対して十分な恩返しをすることができたものと思っています。

昭和五十六年、四十歳の時に静岡・仙台の総務部長を経て国鉄本社に復帰しました。ここで私の「羽化」が始まることになります。私にとって「蛹」から「成虫」になるために「羽化」する時期というのは、昭和五十六年から昭和六十一年までの六年間でした。

組合の要請により、お金と人の権限のないところということで、昔いた本社経営計画室に経営計画主幹という役職で戻りましたが、それに第二次臨時行政調査会（第二臨調、土光敏夫会長）担当の総裁室調査役という兼務が付いていました。直前に国会審議を経て経営改善計画の法律が通り、その法律に基づいて計画が策定され、昭和五十六年度に入ったら直ちに運輸大臣の認可を得ることが決まっていましたので、第二臨調は国鉄問題には一切手を出す余地がないというのが、自民党、運輸省・大蔵省、国鉄本社の空気であり、この第二臨調担当の総裁室調査役というのも全く名目的、形骸的ポストであると思われていました。そして国の行政の常識論で言えば、それこそが全く正しい認識でした。

私はその名目的ポストに就くことになりましたが、国鉄の経営状態を考えれば、このままこの経営改善計画を遂行することは、国鉄全体が何のプライドもない脳死状態に陥ることを意味すると確信していました。すなわち今こそ抜本策を打たなければならない。それは国鉄を清算し、民営化し、分割することである。代わりに、過去における不十分、不徹底でタイミング遅れの政治、行政介入のツケは全て清算してもらわねばならない、そう思っていました。

分割民営化の勉強会結成

過去債務を負担可能な限度に削減する。自民党、社会党の馴れ合いの中で甘やかされ続けた結果、労働生産性の低くなってしまった国鉄の要員を大幅に削減する。この二つを胸に秘めて本社に戻ったわけです。今こそ国鉄の側から国鉄分割民営化を提案して第二臨調で盛り上がっている国民、世論を背景に抜本解決を進めなくてはならないと決意していました。第二臨調担当の総裁室調査役というポスト就任は、まさに私にとっては千載一遇の好機と思えました。

ところが実際に本社に戻って来たら、みんな経営改善計画が完成したばかりで一息ついたところでした。「これじゃうまく行くはずない」という話を当時経営計画室の上席の経営計画主幹だった井手正敬さん（元・ＪＲ西日本会長）にしたのですが、彼は自分が責任を持って作った計画にケチをつけられたと思ったのか、憤然たる様子なので後は何も言わないことにしました。

そんな状況で、私がどうやって分割民営化のための勉強会を集めることができたのか。それは本社中枢のなかに、「分割民営化するしかないのではないか」と考えていた人が二人いたからです。一人は私を奨学生として選考してくれた吉井浩さんで、当時、筆頭理事になっていました。もう一人は、私が経営計画室や経理局の課長補佐の時に、同じ部局の課長として指導、助言をしてくれた室賀實さん（後の常務理事）です。室賀さんは総裁室文書課長で、臨調担当の総裁室調査役である私にとっては実務上の上司にあたる人でした。この二人は「第二臨調を良い機会として、分割民営化の勉強をするべきだ」と言って私の考えを支持してくれました。

上層部に誰も支持者がいなかったら、私も仲間を集めることができなかったと思います。最初に勉強会に加わったのはかつて私の部下だったことのある人たちと、経営計画室や総裁室文書課の新たな任務で一緒に仕事をすることになった人たちでした。それに職員局調査役（職場規律担当）の松田昌士《まさたけ》さん（元・JR東日本会長、現・相談役）が加わりました。

まずは思い切った累積債務と非効率な要員の削減を行って、過去の足かせを清算する。

膨大な累積債務と非効率な要員こそは、政治や行政が経営に介入したツケである。今後はそれが将来の足を引っ張らないようにする。すなわち、負担能力を超える債務は国に引き取ってもらい、大量退職時代を絶好の機会として要員を自力で削減する。その代わり将来については決して国民に迷惑をかけない。その証しが民営化である。しかし、民営化するからには全国一律の運賃、賃金ではなく、地域ごとのコスト構造を反映したものにするために地域分割する必要がある。こうした考えに立ち、まずは分割民営化すると仮定してどのような分割が適切か、その場合それぞれが自立してやっていけるのか否か、というシミュレーションから始めました。

当時の国鉄は、決算を分析して路線（場合により線区）ごとの原価計算を行い、輸送量、収入、コスト、収支を算出していました。赤字ローカル線の運営助成を要求するためのものでしたが、私たちはその資料を活用しながら、どういう分割をしたら、地域ごとの会社が地域のコスト構造を反映した運賃、賃金の下に自律的にやっていけるかを考えてみたのです。その際、分割は路線単位の上下一体とし、下部は国有、上部は民有民営という上下分離方式はまず排除しました。それは運輸官僚の悲願でしたが、鉄道システムの最適化にとっては最悪のシステムであることが明白だったからです。

一応は秘密の勉強会でしたが、国鉄の中で集まるのだから、なかば公然です。人事権も予算権も持たないインフォーマルな勉強会に過ぎないということで、大目に見られていたのだと思います。

道なき道を模索

本社に戻り、第二臨調担当となってから、昭和六十年七月に国鉄再建監理委員会より、「国鉄分割民営化」の最終答申が出るまでの四年間は、まさに全く先が見えない道なき道を、模索しながら歩き続けました。その経過を暦によってご説明したいと思います。

昭和五十五年十一月　国鉄経営改善計画のための法律が国会で成立。
五十六年三月　第二次臨時行政調査会設置。
四月　本社経営計画室主幹、総裁室調査役・第二臨調担当兼務となる。
五月　国鉄経営改善計画、運輸大臣認可。
七月　第二臨調、第一次答申。
十一月　田村勉強会による「田村私案」発表。

五十七年二月　自民党「国鉄再建小委員会（通称『三塚委員会』）」設置。
　　　　四月　三塚委員会、中間報告。
　　　　　　　小坂運輸大臣による「小坂私案」発表。
　　　　七月　三塚委員会、「国鉄再建のための方策」（答申）発表。
　　　　　　　第二臨調、国鉄の分割民営化を柱とする基本答申を提出。
五十八年六月　国鉄再建監理委員会、正式発足。
五十九年七月　三塚氏、「国鉄を再建する方法はこれしかない」を出版。
六十年六月　仁杉総裁、運輸大臣に辞表提出。
　　　　　　杉浦喬也総裁就任。
　　　七月　国鉄再建監理委員会、「国鉄改革に関する意見」（最終答申）を提出。

それでは、この四年間に、私がどのように「構想」し、国鉄分割民営化を「模索」していったかを、順を追ってお話したいと思います。

第二臨調を動かす

第二臨調は昭和五十六年の四月から七月までの間は、国鉄を含めた各省庁からヒアリングを繰り返し、問題の焦点をどこに絞ろうかとスクリーニングをかけていました。

私はこの間に、第二臨調の主要メンバーだった瀬島龍三さん（当時・伊藤忠商事会長）、加藤寛さん（当時・慶応義塾大学教授）、三公社担当の主任調査員だった田中一昭さん（行政管理庁出身、現・拓殖大学名誉教授）たちと会って、このまま行くと国鉄は国にとって大変な負担になることを訴えました。毎年二兆円ずつ借金は増えており、すでに累計で二十兆円に達する勢いでした。

つまり「赤ん坊も含めて国民一人あたり二十万円、五人家族であれば百万円もの国鉄の借金をすでに背負わされているんですよ」と訴えました。「確かに臨調が発足した直前に国鉄経営改善計画のための法律が国会で成立しており、経営改善計画は臨調発足の直後に運輸大臣の承認を受けている。形の上では臨調が入り込む余地はなさそうに見えます。でも、経営改善計画は生まれるには生まれたが、死産の赤子のようなものだ」と説明したのです。

運輸省はもちろん、自らが経営改善計画を承認したのに第二臨調が他人の領域に踏み込んでくるようなことは許さないという姿勢です。自民党交通部会も国鉄の分割民営化には反対でしたが、臨調は前向きに考えてくれました。

この間の働きかけが功を奏したのか、夏休みが終わって第二臨調が九月に再開した時には、国鉄は行政改革の最大のターゲットになっていたのです。分割民営化の議論が少しずつ活発になってきました。

一方、かつて運輸大臣だった田村元《はじめ》さんを中心に、運輸省の林淳司官房文書課長（後の運輸省事務次官）が組織した運輸省国有鉄道部と、国鉄の経営計画室で経営改善計画に参画した課長クラスをメンバーとする勉強会が並行して進んでいました。このチームは経営改善計画推進、公社体制維持を前提とする議論を行っており、国鉄側からは井手さん他一名が加わっていました。林さんも、井手さんも後に最も強力な国鉄分割民営化の推進者となるのですから皮肉なものです。

一方では臨調を動かすための分割民営化の勉強会が行われ、もう一方では田村元さんを押し立て、経営改善計画護持の勉強会をやっていたことになるのです。私と井手さんはお互いに机を並べてはいましたが、どちらもおくびにも出さない状態が十一月くらいまで続いたわけです。「経営改善計画を温かい目で見守るべきだ」とする「田村私案」は十一月に発表されますが、臨調第四部会（国鉄担当）の加藤寛教授の反論により、あっさり葬られてしまいました。

私たちの勉強会では様々なシミュレーションの結果、北海道、九州、四国の三島に、本州を三分割した六社に分割する案を得ていました。本州の分割は新幹線の運転系統を考慮して、東北・上越新幹線の東日本、東海道新幹線の中部日本、山陽新幹線の西日本を軸に、東は首都圏の都市鉄道網を、西は近畿圏の都市鉄道網を付加して収支のバランスを取る。収支面で特に難しい三島については過去債務をゼロとすること、運賃は輸送密度の少ないことからくるコスト高を反映すること、要員数を大幅に削減すること、賃金は地場の賃金を反映すること、それでも維持できないローカル線は廃止することなどを加味した結果、何とか独立採算でやれるという結論でした。

私は、分割民営化の決断はトップダウンでしかできないと考え、このプランを瀬島さんに委ねることにしました。十一月に密かに会い、我々のシミュレーションの概要と結論を説明しました。瀬島プランとして第二臨調の方向付けをお願いしたいこと、裏付け資料が必要であればいつでも指示願いたいことをお話ししました。瀬島さんが「分かった。私が預かる」と言われたので、後は他に漏れることのないよう沈黙を守り、翌年四月、臨調の基本答申の起草が始まる頃に田中一昭さんに本州を四分割した類似の案で提案したのです。

瀬島さんにはその後の経緯について私からは一言もお尋ねしませんでしたが、第二臨調の基本答申に分割民営化が盛り込まれ、その後国鉄再建監理委員会の分割案が基本的には私たちの本州三分割のプランと同じ方向性で固まったのを見て、瀬島さんの働きかけが反映したのではないかと感じていました。時が経ち、分割民営化が成り、私がＪＲ東海に赴任する直前の昭和六十二年三月、瀬島さんが歓送会をやってくださいました。瀬島さんに私を紹介してくれた縁者二人を交えて、四人の内輪の夕宴でした。その時瀬島さんが「葛西君、君がいなければ国鉄の分割民営化はできなかった。君の説明はいつも簡要で秀逸だった。資料は全部取ってあるよ」と言われ、やはり瀬島さんはやってくれたんだと確信しました。

三塚委員会

話を戻して、昭和五十六年の十月頃になると、第二臨調は国鉄を改革の中心課題、主目標に据え、精力的にヒアリングを始めました。それと時を同じくして国鉄の悪慣行、職場規律の乱れが連日新聞をにぎわすこととなり、飲酒酩酊した名古屋第一機関区の運転士が停車中の特急寝台列車に追突大破させた事故などが加わって世論が騒然としてきたのです。国民の怒りを買っていた悪慣行、職場規律の乱れについては看過できないということで井手さん、松田さんと私と三人の意見が一致しました。井手さんも「分割民営化論には賛成できないが、職場規律を正すことと要員を合理化するところは意見一致だ」ということになった。そこで国鉄内部だけではどっぷり浸かった癒着を断ち切ることはできないということで一致し、当時自民党の交通部会長だった三塚博さんに話を持って行くことにしました。

仙台以来交流があり、自民党交通部会長であった三塚さんに、井手さん、松田さんと三人で職場規律が乱れている状況を詳しく報告し、「第二臨調をうまく使ってここを直さないといけません」と訴えたら、彼は賛同してくれました。ただ三塚さんはすぐ兄貴分の加藤六月さんにその話をしてしまった。私は、吉井常務理事に呼ばれて、「国鉄の中には二・二六事件の青年将校みたいなのがいると、加藤六月さんが言っていたが、君ではないかと心配になった。民営化の勉強会は良いが組織人の枠を越えないように」と注意を受けてしまいました。

他方、国鉄副総裁と職員局長と経理局長の三人がこの世論の追い風を利用して職場規律を是正する決意をし、交通部会長に正式に国鉄の労使問題、規律問題について検討する小委員会の設置を要請するとともに、私たちに非公式の事務局を務めるように指示しました。非公式勉強会のメンバーには気心の知れた者を何人か加えて、総勢二十人程度の賛同者が集まることになりました。そして昭和五十七年二月に国鉄再建小委員会（三塚委員会）が作られることになりました。

第二臨調が片方で分割民営化論を進める。もう片方で三塚委員会が職場規律問題を進める。実際の民営化はこの二つが両輪となって進むのですが、当初はこの二つを喧嘩させて、刺し違えてしまえというのが、国鉄本社の考え方でした。

私は、三塚さんには、第二臨調の悪口は言わないで、よくやっていると言ってくださいとお願いしました。一方の加藤寛さんには、臨調事務局で国鉄問題の主任調査員として接点のあった田中一昭さんから、自民党交通部会が悪いんだと臨調側からは決して言わないようにお願いしてもらいました。それが功を奏したのか加藤さんと三塚さんはお互いにエールを交換するようになり、国鉄問題だけは自民党と臨調のベクトルが同じ向きになりました。

三塚委員会の実務については先述の二十人が作業をしました。昼間は日常の業務をこなし、夜には集まって秘密作業をする毎日で、現場の実地調査、現場長に対するアンケート調査の質問票作成、回答の集計分析などを行ったり、報告書の下書きの作成もしました。政治の世界との接点は交通部会長一人に絞り、水面下での作業に徹しました。四月に職場規律是正についての三塚委員会の中間報告がまとまり、それが党議決定された時、三人の国鉄首脳は「これで所期の目的は十分に達した。三塚委員会の使命は終わった」として、三塚さんが経営形態の問題に踏み込むのを阻止しようとしました。しかし、三塚さんは第二臨調と歩調を合わせ、分割民営化問題に踏み込んだのです。三首脳の指示で非公式な事務局を担当してきた我々は板挟み状態になりつつも作業を続け、臨調に先立つこと三週間、七月の上旬に本答申を出し、これまた党議決定されました。それは、とりあえず今のままで「後のない計画」としてやってみる、それでも駄目だということが明らかになった時点で分割民営化するというもので、臨調の「入口論」と比べ、分割民営化の「出口論」と称されました。

昭和五十七年七月の第二臨調の基本答申は、国鉄を五年以内に分割民営化する、総理府に国鉄再建監理委員会を設置し分割民営化の具体案を審議させる、分割民営化まで国鉄は新規採用や安全投資以外の設備投資を全面停止する、という内容でした。分割民営化を前提として具体案の検討を提言する答申案は、分割民営化の「入口論」と言われました。しばらくは、これらの「入口論」と「出口論」が併存したのです。

シナリオ通りの答申

私が第二臨調の国鉄問題担当の主任調査員だった田中一昭さんや、第二臨調の国鉄問題を扱う第四部会の会長になった加藤寛さんにアドバイスして採用してもらったことの中で最も重要なのは、分割民営化の案を、臨調が自ら書かなかったことです。臨調がもし一年足らずのヒアリングを基に自らの手で拙速に分割民営化案を書いたら、「素人の書いた案など揚げ足を取るのは簡単。あっという間に潰してやる」と言っていた国鉄首脳の思うつぼでした。私は田中さんのところへ行って、「第二臨調が分割民営化案を書いてはいけない。分割民営化の方向を明確にして、その具体的なプランを書くための検討機関を作ることを提案すべきです」と助言しました。

検討組織として国鉄再建監理委員会を設立し、五年以内に国鉄を分割民営化するという答申は、田中さんと二人で話したシナリオ通りでした。ただ、答申が出るのに三年、実施に二年、都合五年もかかる、その間ずっと緊張感を維持するためには何か仕掛けが必要である。世論というものは忘れっぽい、飽きっぽいもので喉元過ぎると熱さを忘れてしまう。検討している間に熱が冷めてしまっては実現できなくなる。そこでその間に決して分割民営化のことを忘れられないようにするために、二つのことを緊急対策として盛り込むように進言しました。一つは新規採用の全面停止。もう一つは安全投資以外の設備投資の全面的停止。この二つは緊急対策であり、直ちに痛みを伴うので国鉄にとって大変苦しいし、新規採用全面停止は労組及び社会党にとって大きな苦痛です。設備投資が止まることは自民党の利権からみても大きな痛手です。つまり「分割民営化ができない限り痛みはなくならない。分割民営化こそが国鉄の救いだという条件を作るべきです」と進言したら、加藤さん、田中さんはそれに乗ってくれたのです。

第二臨調が出した答申は「分割民営化の方向」「具体案は再建監理委員会」「採用と設備投資は全面停止」、この三つが要でした。二つの緊急対策は、三塚委員会の答申にも含まれています。このことを見ると、「出口論」は、「後のない計画」と「入口論」を結ぶ緩和曲線としての役割を意図したものと考えて良いと思います。

第二臨調は、事々に臨調に敵対する運輸省はけしからんという気持ちに固まっていました。そんな中で問題になったのが、この国鉄再建監理委員会を国家行政組織法の三条機関にするか八条委員会にするかということでした。三条機関は人事院、会計検査院、国家公安委員会などの執行権を持った行政機関で、新たな官庁を作るようなものです。当然権限も強く、運輸省鉄道監督局国有鉄道部は存在理由を失う。すなわち不要ということになります。瀬島龍三さんたちも三条機関にした方が強力に分割民営化を推進できると考えていました。

一方の八条委員会は諮問委員会。原子力委員会などが代表的な存在で、諮問に答えて提言を行うための組織ですから、三条機関に比べると権限は弱い。三条機関の設置により国有鉄道部が不要となってしまうことを恐れた運輸省が徹底抗戦した結果、国鉄再建監理委員会は八条委員会で発足することに落ち着きました。ただし、それは総理大臣の諮問機関としてであり、運輸大臣の下には設置されませんでした。

そこで「そもそも第二臨調にことごとく楯ついて、非協力的態度を取ったためにこうなるんだ」という当時の橋本龍太郎（自民党行財政調査会）会長を説得し、第二臨調に八条委員会で納得してもらうために運輸省のエースで鉄道監督局国鉄部長だった林淳司さん自らが国鉄再建監理委員会の事務局次長として出向き、実務の総責任者となることで、忠誠の証しとしたのでした。住友電工の亀井正夫会長が委員長、加藤寛さんが委員長代理になりましたが、運輸省元事務次官の住田正二氏も委員として名を連ねました。

天の配剤

この林さんが事務局を率い、誠心誠意、省益に関係なく分割民営化推進のキーパーソンとなるのですから、歴史は味なものです。林さんは従来、運輸官僚の中の運輸官僚と言って良いほど、省のために力を尽くしてきた人です。国鉄に対しては厳しい見方を持ち、省の規制力を強めようとしてきました。だから本来は運輸省の責任分野である国鉄問題に介入し、国鉄分割民営化を唱える第二臨調にも、三塚委員会にも好感を持っていませんでした。先述の田村元さんを中心とする勉強会を組織し経営改善計画の擁護を骨子とした田村私案を天下に問うたのも林さんでした。また、ちょうど三塚委員会が経営形態の検討をしていた時に、運輸大臣だった小坂徳三郎さんが、「国鉄の土地を時価評価して含み益を顕在化させれば、財務はちっとも悪くないのだから国が国鉄の用地と地上設備を引き取る代わりに、借金も全部引き受けてしまう。そして列車の運行だけを国鉄が行うことにすれば良い。分割民営化をする必要はない」という国鉄の上下分離プラン、いわゆる「小坂私案」を作りましたが、そのゴーストライターも林さんでした。

その林さんを国鉄再建監理委員会に送り込んだ後を引き継いだ新しい国鉄部長は、委員会がスタートした瞬間に再び態度を改め、「国鉄再建監理委員会が何を言っても二十兆円以上の借金を大蔵省が引き受けてくれる可能性などない。大蔵省が反対、自民党も反対か消極的、社会党も労組も反対という状況で分割民営化などできるわけがない。もう林の運輸官僚としてのキャリアはこれで終わりだ。国鉄再建監理委員会など所詮は諮問機関（八条委員会）であり、執行機関（三条機関）ではない。協力する必要はない」という趣旨のことを盛んに国鉄首脳に言及し始めました。省内のライバルである林さんの退路を遮断したのです。国鉄は分割民営化などはもちろん初めから嫌なわけですから、上層部はたちまち反対論で固まってしまいました。

林事務局次長の「決断」

梯子を外された林さんは、憤慨したに相違ありません。彼はそれから確信的な分割民営化推進論者になりました。当時の中曾根首相を動かしたのも彼の力が大きい。もちろん瀬島龍三さんや加藤寛さんの力も大きかったのですが、この局面では国鉄再建監理委員会の亀井正夫さんと林さんの力が決定的でした。

もし梯子を外されなかったとしても、林さんは結局は上下一体の地域分割を推進したでしょう。林さんも勉強を進めてみると、やはり線路の保有と列車の運行を一元的に経営する現行の分割民営化しかないという確信を強めただろうと思います。しかし、先述の国鉄部長の退路遮断は林さんの改革推進力を一層強いものにしたのは確かです。

私たちは当初は林さんを友好的な人物とは見ていませんでした。しかし、国鉄の中で孤立していた改革グループと、運輸省の後任国鉄部長から退路を遮断され「前進あるのみ」という気持ちになっていた林さんとは、共同作業を進めるようになると次第に信頼しあうようになり、最後には彼の存在なしには分割民営化が達成できないと確信し、全力で力を合わせる同志となりました。これは天の配剤みたいなもので、計算を超越した好運でした。

改革派への圧力強まる

繰り返しますが、当時の国鉄幹部の圧倒的多数は分割民営化には反対でした。私に検討を勧めてくれた吉井常務理事は、早々に辞めさせられていなくなってしまいました。室賀さんも圧力に耐えかねて弱気になっていたのです。つまり我々の上はいなくなってしまったわけです。

国鉄再建監理委員会が国鉄についていろいろ勉強を始めた時に、運輸省の意向もあって「協力するな」という上からの指示があったのですが、我々は分割民営化を進める側でしたから、密かに協力していました。ところが、国鉄の中では内部に密かに協力している連中がいるのは許せないということになりました。

「国鉄自身が自分のプランを持っていないから、一部の者が勝手なことをやっているのを止められない。国鉄総裁以下の全重役と分割民営化反対の主要課長を集めて、国鉄独自の再建プランを作ろう」という動きが出てきました。これが「経営改革のための基本方策」と呼ばれるプランで、とりあえず民営化だけはやって経営努力をする、それでも駄目なら分割という逐次改革案でした。ちょうど昭和五十九年の夏くらいから十二月にかけて、毎週一〜二回のペースで精力的に検討会が行われ、作られました。もちろん私たちは完全に排除された形でした。

それに前後して、三塚さんが三塚委員会の経緯を辿るとともに、分割民営化を進める本を出したいというので、水面下で三塚委員会事務局を務めたメンバーがお手伝いをすることになりました。その本は『国鉄を再建する方法はこれしかない』（政治広報センター）という表題で、昭和五十九年七月に出ました。

それまで三塚さんは一応自民党と国鉄に気を遣って、「分割民営化は、必ずしも初めから決まった方針ではない。国鉄のままで改革を試みて駄目だったら分割民営化するしかない」といういわゆる「出口論」を自民党の会議で唱えていました。ただこの本を書いている時に三塚さんの考えが変わりました。つまり、初めから分割民営化を前提として考えなくてはいけないという「入口論」になったのです。これは、林さんが中曽根さんや三塚さんと接触して国鉄再建監理委員会と歩調を合わせるように説得した結果だと私は思います。

もう一つのポイントは、三塚さんが著書の中で国鉄分割民営化の最大のネックは国鉄余剰人員問題であり、政府は総理大臣を本部長とする雇用対策本部という組織を作って国鉄余剰人員の再就職を支援し、一人も路頭に迷わせないようにするべきだということをはっきり書いた点です。これは最後の最後に三塚さんから私たちに手書きメモが手渡され、入ったものです。林さんの知恵で、社会党の抵抗を減らそうという狙いだったと理解しています。そして全く同じことが国鉄再建監理委員会での最終答申には盛り込まれています。

この本を読んだ国鉄上層部は怒りました。「三塚は裏切った。彼らが手伝ったに相違ない」ということになり、「あの本を読んだやつはクビだ」という厳しい統制が国鉄の中に敷かれました。三塚さんの著書は禁書となったのです。我々も干され始め、井手さんは昭和五十九年の九月に東京西鉄道管理局長への転出という形で飛ばされていなくなりました。

そこへさらに、先ほど述べた重役全員の総意としての「基本方策」ができあがりました。「これにあえて逆らう職員がいたら、国鉄の公的見解に公然と逆らったということになる。そんな連中に対しては直ちに懲罰人事をやる」となったのです。

松田さんは昭和六十年三月に北海道総局の総合企画部長という新設の役職に飛ばされ、私よりも年下の何人かの人間が地方の部長に出されました。私は職員局という部署にいたので直接抑え込むに如《し》くはないと思われたのでしょう。飛ばされはしなかったのですが、大変重苦しい時期が続きました。

陸軍参謀と警察官僚

仁杉総裁が辞意を表明したのは昭和六十年六月です。辞めるきっかけは分割反対の急先鋒だったある常務理事が、もう勝ったと思って油断したことです。それで改革派寄りだった新聞記者に本心をちらつかせてしまった。新聞記者が、その中身をメモにして私に教えてくれたのですが、それは我々が予想した通り「政府が民営化の方針を決めれば従う姿勢は見せるが、実際の法律にする段階で抵抗して骨抜きにするので、我々がまとめた『基本方策』に近いものに落ち着くだろう」という内容でした。要するに「国鉄は面従腹背でいく」というわけです。

記者に対しては「お前も改革派の味方などしていないで、そろそろこっち側に来たほうがいいぞ」と言いたげだったと記者は教えてくれました。それが田中一昭さんのところに伝わり、田中さん経由で第二臨調の国鉄問題を扱う第四部会の参与をしていた時事通信社の屋山太郎さん、加藤寛さん、後藤田正晴総務庁長官と回り、最終的に中曾根首相が総裁の更迭を決断した形になったのです。

この時に中曾根さんは改革に反対する副総裁以下を一掃する人事を断行しました。後藤田さんは総裁と副総裁と労務担当の常務理事の三人を切れば、あとは留任させていいのではないか、そんなに大鉈を振るうと世論から反発を食らうかもしれないと言ったとされます。それに対して瀬島さんは、三人を切るのも七人を切るのも一緒だから、七人まとめて切って禍根を断ったほうが良いと強く主張しました。中曾根さんは結局、瀬島さんの意見を取ったわけです。

三人しか切らなかったら、分割民営化はできていなかったと思います。最後の国鉄総裁となった杉浦喬也さんがやって来たとしても、面従腹背がほとんどだったでしょう。結局、中曾根・瀬島判断のほうが正しかった。後藤田さんの考え方は、警察の実権を握り続け、それによってフランス革命期のジャコバン党時代からナポレオンが失脚するまで、権力の座にすわり続けたフランスの政治家ジョゼフ・フーシェの考え方に似ています。歴史家シュテファン・ツヴァイクの筆になる『ジョゼフ・フーシェ伝』によると、フーシェの考え方はこういうものです。

「ネズミを捕り尽くしたネコはお払い箱になる。ネズミを捕らないネコもお払い箱になる。だから小さなネズミを捕って仕事をしているふりをして、大きなネズミは泳がせておく。政権が代わったら大きなネズミに売った恩を返してもらえばいい」

後藤田さんは警察出身の政治家です。警察官僚にはしたたかに計算し、本気で相手とは対決しない性向があるとは思いたくありませんが、三人切れば心を入れ替えて少しは頑張るだろうという程度の認識でした。

一方の瀬島さんは、元帝国陸軍参謀です。軍人的な気質でいうと、不徹底は一番いけないことですから、やるなら七人全員を切ってしまえ、徹底しなくてはいけないという考えになります。私はその議論を直接耳にしたわけではないのですが、本当に瀬島さんと後藤田さんと中曾根さんとの間にそういう会話があったとしても不思議はないとは思いました。どちらが常に良いとは言えないが、企業経営においては警察官僚よりも軍人に近い適性を必要とするのだと思います。

人の縁と時の運

分割民営化のための人事刷新が行われて、杉浦新総裁が就任した直後の昭和六十年七月二十六日に国鉄再建監理委員会が最終答申を出し、その後の閣議決定などで、以下のように決まりました。第一に、国鉄を分割民営化し、昭和六十二年四月一日から北海道、九州、四国の三島、及び東日本、東海、西日本の本州三社、合計六社の旅客鉄道会社と一つの貨物鉄道会社を発足させること。この分割の考え方は、鉄道貨物輸送の全国ネットワーク会社を設立し、各旅客鉄道会社の線路を借用して営業することを除けば、昭和五十六年の十一月に瀬島さんにご説明した考え方と同じ分割案でした。第二に、国鉄は国鉄清算事業団として過去債務の清算を行い、余剰人員の雇用対策を三年間を期限に完了すること。第三に、速やかに国鉄余剰人員雇用対策本部を設置し、総理大臣が先頭に立って余剰人員の雇用対策を行うこと。これらの内容の概ねは私たちが国鉄再建監理委員会事務局と共同で作成した構想に沿ったものになっていましたが、これまで全く言及されたことのない不適切な仕組みが唐突な形で入っていました。後で触れる新幹線保有機構です。

第二臨調担当の総裁室調査役に任じられてからここまでの四年間は、全く先が見えない時期でした。国鉄内部でも、政府・与党でも、国民世論でも国鉄は抜本対策を要する、それは分割民営化だ、という問題意識はありましたが、その具体的なイメージとなると、昭和二十四年の電力会社九分割くらいしかありませんでした。その漠然たる思いを六地域会社に「分割民営化」する、という「構想」にまとめ、それを瀬島龍三さんに提起することが始まりでした。それまで十八年間に及ぶ業務の経験と留学時代に学んだミクロ経済学理論が立論に役に立ちましたし、いわゆる改革グループのメンバーは優秀な人材がそろっていて、方向とイメージさえ示せば、企画立案することはお手の物でした。しかしそれを如何にして政治、行政の現実の課題にするか、世論の流れに乗せるかは全くの「暗中模索」でした。試行錯誤を繰り返しながら政策決定の「力学」を学び、改革に向かって匍匐《ほふく》前進したのでした。

それが何とかできあがったのは国鉄内部に少数ながら改革推進グループが存在したことが第一でしたが、第二臨調側の事務局の主任調査員に田中一昭さんがいて、加藤寛さん、屋山太郎さん、山同陽一さん（当時・旭リサーチセンター専務取締役）など、国鉄問題の主力メンバーと巧みな連携が可能だったこと、土光敏夫さん（当時・経団連会長、第二次臨時行政調査会長）の右腕を務めていた第二臨調の参謀総長に当たる瀬島龍三さんと縁あっていつでも直接お会いできたこと、仙台の総務部長時代のご縁で自民党の三塚交通部会長とも直接パイプが結べたこと、などの好運が重なった結果でした。

国鉄再建監理委員会にバトンが移った後は、林淳司さんがキーパーソンとして亀井正夫さん、加藤寛さんと揺るぎなくかつ絶妙なバランスで委員会運営を進めるとともに、政府与党の中曾根さん、三塚さんとネットワークを強め不可能を可能にする超人的な成果を上げました。依然として暗中模索は続いていましたが、国鉄再建監理委員会の最終答申が出た時、「羽化」の過程はその前段を終え、後段、すなわち改革実行の段階に入りました。樹海の中をさ迷っているうちに突然視界が開け、登るべき遠山の頂が望まれたのでした。

不屈の意志がなければ辿りつけなかった。しかし好運に恵まれなければ全ては無に帰したでしょう。幸運の第一は人の縁であり、更なるひとつは時の運でした。国鉄経営が完全に崩壊しきっており、大手術が必要であることが明らかだったことが幸いしました。中曾根総理の指導力、自民党の力、いずれが欠けてもことは成りませんでした。数年前であれば、まだ大手術までしなくても打つ手はあるはずだということになったでしょう。少し遅れてバブル経済の上昇期にあたっていたら、楽観論が支配して分割などやらなくても大丈夫ということになっていたに相違ありません。さらに数年遅れてバブル崩壊後であったなら、弥縫策を打って問題を先送りすることで精一杯だったに違いありません。数年早くても不可、数年遅れても不可というピンポイントのような絶好のタイミングで国鉄経営は崩壊し、まさにその時、第二臨調が発足したのでした。第二臨調が国鉄分割民営化を柱に答申を出してくれる可能性は百分の一、中曾根総理の指導力が国鉄首脳刷新人事を実行し、国鉄再建監理委員会が抜本策の答申を出す可能性がその百分の一、ここまで来るのに一万分の一のリスクを潜り抜けた感じです。

いざ改革へ、体制の整備

国鉄再建監理委員会の最終答申が出てから、国鉄が分割民営化されるまでの間の労務・要員対策は、一言で言うと「主動」と「速行」に明け暮れた一年半であり、前進に次ぐ前進の一年半でありました。この間、次の一手を「着想」し提起するのが参謀である私の役割、決断をしてGOサインを出すのは総裁の役割、そして細心にして大胆な実行案を練り、必要であれば全国組織を動かして実務を実行するのは職員局のチームでありました。

与・野党や霞が関、メディア、有識者などに対し、反対する側がどのように動くかを情報と直感に基づいて予測し、常に一歩先んじて手を打ち、理解を得ておく必要がありました。つまり制空権の獲得です。総裁があらゆる角度からの政治的な圧力に一切動じることなく、終始一貫して毅然としていたことは、分割民営化成功の十分条件でありました。

答申が出たこと、そしてそれが直ちに閣議決定され、政府の方針になったことは大戦略が決まったことを意味します。何をやらなければならないか、いつまでにやらなければならないかは大戦略に定められていました。政府はまず第一に、国鉄分割民営化の鍵を握るのは合理化によって生み出される国鉄の余剰人員を一人も路頭に迷わせることなく雇用を斡旋するという政府の約束が実行されるか否かだと考え、国鉄余剰人員雇用対策本部を昭和六十年八月に設置しました。総理が本部長、関係各大臣が副本部長になり、次官級の連絡会議、そして各省から集まった各ランクの役人によって事務局が構成され、運輸省から事務局長を送りました。国鉄も職員課に雇用対策室を設け、速やかに体制を整えました。

公的部門の採用は三万人と約束されていました。しかしながら中曾根内閣の速やかな体制整備にもかかわらず、政府各省は雇用対策の成否、あるいは分割民営化案の実行について、心の中では半信半疑。各省とも行政改革により要員の削減を求められている状況で、三万人もの国鉄余剰人員の採用ができるわけがないという雰囲気でした。従って、国鉄余剰人員雇用対策本部の事務局の雰囲気も形勢観望に傾いていました。

雰囲気を一変させた英断

そんな状況下で、総務庁長官である後藤田正晴氏が自分の古巣である警察庁と話をつけ、国鉄の鉄道公安官三千人を全て警察官として採用するという大胆な決定を発表しました。これには関係者ならびに世間の皆が驚きました。それに加えて総務庁、大蔵省が相談の上、国鉄の余剰人員を一人採用すれば〇・五人の新規定員増を措置するという決定をしました。すなわち鉄道公安官を全員警察官に採用するという英断で意表を突き、定員措置という形でインセンティブを提供したのです。

これら一連の動きによって雇用対策本部の雰囲気ならびに各省の国鉄余剰人員採用の姿勢ががらりと変わりました。総理は本気だ、どうせ採らなければいけないなら、早く手を挙げて質の良い職員を採用するほうが得だという雰囲気が支配するようになりました。その中で続いた大口の採用が国税庁です。当初、国税庁は国鉄の労使関係が極めて悪いことを理由に、「あなたがたは、国鉄では残しておきたくないタチの悪い人を送ってくるのではないですか。我々が今まで苦労して良くしてきた国税庁の労使関係を彼らに掻きまわされてはたまらない」と言っておりました。しかし実際に六百人の国税庁志望者が採用され、税務大学校で講義を受け、卒業試験を受けると、大蔵省国税庁のプロパー採用の者よりも国鉄職員からの転入組の方が良い平均点で全員合格、卒業することとなり、大いに信頼を得ることができました。

この余剰人員対策の実施により続々と応募者が出てきたことは、政府が国鉄改革に対する逆櫓の一本を外したことを意味しました。政府自身が自分の退路を遮断したわけです。国鉄改革の重要な一環である余剰人員対策、その最大の要素である公的部門への採用について、政府が行動を起こし、募集をかけ、応募者を採用しました。いつ現場に行くかについては様々な例があり、すぐ行く者、次年度になってから行く者もあり、また身分は国鉄職員(後には国鉄清算事業団職員)のままで職業指導や教育訓練を受けながら採用を待つという形もありました。いずれにせよ、不可欠かつ重要な一歩を踏み出したことによって国鉄改革は後戻りすることも、立ち止まることもできなくなったと言って良いと思います。

磯崎元総裁の言葉

国鉄改革関連の法案を立案、提出するのは運輸省でしたが、その中で最も要諦をなすもの、それは改革法二十三条でした。その内容を簡単に言うと、国鉄の法的人格は国鉄清算事業団に引き継がれる。国鉄イコール国鉄清算事業団である。従って、新しく設立される旅客六社と貨物一社は名実ともに新設会社であり、国鉄の路線を承継するとともに、新たに必要な要員を採用して事業を行い、社員は全て新規採用とする。国鉄職員が国鉄を退職して、新会社に応募して採用された場合においてのみ新しい会社の社員になることができる、こういう規程でありました。国鉄と国鉄清算事業団が法的継続性を持ち、新設会社はまさに新しい会社として新規採用に基づいて発足するという法律です。

これについて当初運輸省は、このような法律を提出すれば運輸省が前面に立って野党と対決しなければならないということで極めて消極的であり、「国鉄総裁は国鉄職員を各社と清算事業団に振り分ける」とだけ書いておけば良いのではないかという見解でした。もし運輸省が考えていたような法律で我々が分割民営化をしていたとすれば、憲法の「職業選択の自由」に触れ、実施不能だったと思われます。この運輸省の日和見的な態度は、十二月に第二次中曾根第二回改造内閣が発足し、自民党交通部会長であった三塚博さんが運輸大臣になった時に初めて解消されました。それは、国会に法案を提出するデッドラインが近付いていた時期だということもあったと思います。

一方、国鉄では、政府の動きに合わせて、総裁を本部長として再建実施推進本部、余剰人員対策推進本部という二つの本部が設置されました。再建実施推進本部については、井手総裁室長（当初は総裁室審議役）が事務局長に指名されました。職員局が担当する余剰人員対策推進本部については澄田信義職員局長が事務局長になり、職員局次長（当初は職員課長）の私が事務局の次長になり、進めることになりました。

このような体制を総裁の下に整えたにもかかわらず、国鉄本社全体あるいは国鉄ＯＢの雰囲気は極めてよそよそしいもので冷ややかに総裁のお手並みを拝見するという状況でした。総裁室は八月には、何とか社内の結束を固めようと、現役、ＯＢの主要メンバーを国鉄本社の大会議室に集め、立席形式の昼食懇談会を行いました。それまでも総裁を囲む様々な懇談の場が設営され、一体感の醸成が計られてきましたが、その中でも最大のものでした。

その場でかつて国鉄総裁であった磯崎叡氏がわざわざ私のところに近づいて来られ、お話をする機会がありました。磯崎さんから私に対して「君が職員課長の葛西君か。俺は昭和二十四年、定員法で十万人の首切りをやった時に今の君と同じ職員課長の立場にいたのだ。当時も、国鉄で整理退職された人間は『三万人は受けてやるから頑張ってくれ』と私は政府から言われたけれども、実際に受けてくれたのは三千人もいなかった。自分は独力で十万人の首切りをやらざるを得なかったし、やったんだよ。その結果、下山総裁の不審死事件が起こったのは君もよく知っているだろう。政府は国鉄余剰人員雇用対策本部などを作ってくれているけれども、実績はまずあがらないと考えたほうがいいぞ。その中でやるんだよ。その覚悟はあるんだろうな。しかしそれにしても君はこの時代に何人総裁を殺すつもりなのか？」と冷ややかに言われたことを鮮明に記憶しています。

その時、私は「この分割民営化は大変難しい道であることはよく分かっています。その中で労務・要員問題が最も大変であることも分かっています。しかし、私はやれるところまでやるという覚悟をしているのであって、それ以上申し上げられることは今は何もありません。まあ見ていてください」と言ってお別れし、そしてそれが磯崎さんとお話しした最後の機会でした。振り返ってみれば、公的部門に二・五万人、民間企業に一・二万人、国鉄関連企業に一・二万人が採用決定し、JR発足後、JR本州各社が都合四回の広域採用を行うなど、国鉄の余剰人員雇用対策は、前例も事後の例もないほど、手厚いものとなったのです。一方で国労、社会党など国鉄分割民営化に反対する人たちは「このような短期間でこれだけの大改革をやることは平時においては不可能だ。マッカーサー元帥の超法規的行政権があって初めて、電力会社の九分割や国鉄の要員整理ができたのであり、今日の時代にそんなことができるわけがない。我々はこれを阻止してみせる」という基本的な姿勢でいたと思います。

「主動」と「速行」

昭和六十年の秋から昭和六十二年四月一日までの一年半は、職員局としては無念無想で「主動」し、走り続けた一年半でありました。その経過を暦に従って、振り返ってみたいと思います。

昭和六十年十月　十万人の要員合理化提案を一斉に行う。

十二月　全職員を対象に「就職先希望アンケート」。

六十一年一月　第一次労使共同宣言を結び、安全・安定輸送ならびに違法ストライキの自粛を確認する。

二月　希望退職法案と国鉄再建関連法案が国会に上程。
三月　北海道、九州、四国、本州内部のローカル地域から東京、大阪、名古屋地区に広域異動が募集され、約三千八百人の異動が実施に移される。
五月　希望退職法案が成立。
六月　希望退職の募集が開始される。希望退職の募集は年度末まで継続され、当初二万人の計画が四万人弱に膨れ上がる。
七月　衆参同時選挙で自民党が大勝。分割民営化を国民が支持しているとの見方が広がる。
八月　第二次労使共同宣言を結び、分割民営化後も経営が安定するまでストライキを自粛すること、労使紛争を解消することを合意。これを受けて動労が国鉄当局に対して行っていた訴訟三十二件を取り下げ、これに応じて国鉄総裁もスト権スト損害賠償請求訴訟の動労分を取り下げる。
九月　国鉄改革関連法案の審議が始まる。
十月　国労執行部は分割民営化賛成に方向転換を図るが、反主流派に反対されて敗北。国労は分裂。
十一月　国鉄改革関連法案が成立。
十二月　会社ごとの設立委員会が発足、社員の採用基準が示される。
昭和六十二年二月　会社の組織、幹部人事が決定。
四月一日　新会社発足。

この間、最大労組の国労、最大野党の社会党は一貫して分割民営化に反対しておりました。国鉄内部も、流れが決まってからは空気が変わりましたが、ほぼ全期間を通じて冷やかに形勢観望している状況でした。

このように、息つく暇もない急速な状況展開の中で、我々が活路を見出す唯一の手法は直観と反射神経を頼りに、「主動」し、「速行」することでした。

職員局では、毎朝一番で、主要課長、総括補佐十名で会議を行い、様々な情報を交換し合い、共有し、吟味し、即決して、仕事に取り掛かる。その連続で日々を乗り切り、新会社発足を迎えたわけです。信頼できる僚友との固いチームワークが推進力であり、また国鉄総裁の確固不動、毅然とした姿勢が頼みの綱でした。

職員局の一年半は、以上のような形で息つく暇もなく過ぎました。労務・要員問題は基本的には社内問題であり、国鉄総裁の責任において実施しなければならない、また、できる課題でした。しかし、現実には国労が社会党の有力な支持母体であったため、社会党からの介入は避けられず、それは自・社なれ合い体制の下では必然的に与党からの介入も誘引する宿命にありました。当時、杉浦国鉄総裁と私は、橋本龍太郎運輸大臣から国労救済のために様々な譲歩の要請を受けていたのですが、各組合同一条件の原則を崩すわけにはいかず、これに賛同しなかったため、強い不興を買っておりました。九月の臨時国会を前にした懇談会で、大臣が「不愉快だ」と席を立って帰ってしまったこともあり、それは誰の目にも明らかでした。杉浦総裁はそれらのことに怯んで決断をためらったり、揺れ動いたりすることは全くありませんでした。それは総裁の無私の心の現れであり、明るく、ウォームハートで楽観的な杉浦総裁と我々とはいつも信頼の絆で結束していました。

新幹線保有機構

国鉄改革の中のもう一つの柱は、国鉄の路線・資産分割であり、さらなるひとつが新生JRのトップ人事とそれに続く幹部人事でした。国鉄の遊休土地は清算事業団に帰属することになっていましたから、国鉄用地の線引きは国鉄対政府（運輸省・大蔵省）のせめぎ合いでした。また、新生ＪＲのトップ人事は政界・財界の利権ポストと見られており、これまた政治・行政との鍔ぜり合いが予測されました。

この仕事に携わったのは組織的には再建実施推進本部事務局長の井手氏率いる総裁室と経営計画室でした。高度の保秘を必要とする業務の性格からして、職員局のような組織を挙げての運動ということにはならず、総裁を頭にごく少数の腹心が秘密裏に方針を決め、事柄を進める方式が取られたのもやむを得ないことだと思います。真の意味での中心メンバーは、総裁室長自身と彼の腹心の経営計画主幹、および総裁室の総括課長補佐の三人。この三人で総裁のゴーサインを得てから他の少数のメンバーとだけは情報を共有し、事柄が進められたのでした。内外の衆人環視の中で進められ、民営化後も訴訟などを通じて全てが開示され尽くした職員局の作業と、全く性格の異なる秘密作業が並行して展開されたわけですが、両者の間での情報共有はありませんでした。

資産分割作業を歪め、不純化することになった発端は唯ひとつ。国鉄再建監理委員会の最終答申に駆け込み乗車のように書き加えられた「新幹線保有機構」でした。このことについて簡単に触れなければなりません。国鉄分割の基本図式は、地域分割でした。北海道、九州、四国、それに本州を東日本、東海、西日本の三地域会社に路線を分割する。境界を接する本州三社の両方に跨って存在する路線は、その旅客流動方向の分岐点、いわば「分水嶺」で線区に分け、それぞれの線区が帰属する会社の路線網と一体的な鉄道ネットワークを形成するように境界線を引く。下部構造物と上部構造物の全てを一体として路線または線区ごとに特定の会社に帰属させる。この方式で進めることが最も合理的であり、すでに亀井正夫委員長、加藤寛委員長代理、林淳司事務局次長以下の事務局と、国鉄側の協力チームの間でも当然の了解事項となっていました。会社ごとの境界が定まり、帰属する路線網、線区が決まったらそれに基づいて会社ごとの収益力を測り、負担可能な国鉄債務を承継させるという方針で事務局は作業を進めていました。新幹線については最も簡単で、その列車運行系統に従って、東北・上越新幹線は東日本、東海道新幹線は東海、山陽新幹線は西日本と、ごく自然に分ければ良かったのです。

「新幹線保有機構」の構想は、作業の大詰めの段階で唐突に住田正二委員から提起されました。それは東海道、山陽、東北、上越の四新幹線だけはその地上設備を上部構造物と切り離して「新幹線保有機構」という特殊法人に帰属させる。四新幹線の地上設備は時価評価され、それに見合う額の国鉄債務を保有機構が国鉄から承継する。新幹線保有機構は、四新幹線の債務（約八・五兆円）を三十年の元利均等で償還するために必要なリース料の総額を決め、それを各新幹線の収益力に応じたリース料で貸し付ける。そして各新幹線を運営するＪＲ会社が支払うリース料で債務を返済するというものでした。

運輸官僚は従来から国鉄の保有する鉄道網を上下分離して下部構造を自らのコントロール下に置くことを悲願として来ましたが、新幹線保有機構は分割民営化に乗じて、新幹線網という最も近代的な鉄道網についてだけ、それを実現しようとする案でした。言わば、運輸省版道路公団設立案です。表面は国鉄債務のできるだけ多くを承継・返済するためと装っていましたが、その心底は運輸官僚による新幹線網のコントロールであり、債務の返済が進んだ後には整備新幹線網の建設資金を生みだす「打ち出の小槌」となり得るものでした。

そもそも新幹線は時価評価、在来線は簿価評価という非整合的な資産評価は非合理的であり、ゆえに有害です。この非合理性がＪＲ東日本ハブ会社、あるいは看板会社という「蜃気楼」を生むことになります。

それはさておき、事務局次長の林淳司さんは強く反対しました。それに対して住田委員は法制局に出向中の後輩に「会社ごとの債務負担能力は測れない。ゆえに立法化できない。

新幹線保有機構案しかない」という趣旨の法制局見解を出させ、それを理由に再建監理委員会の議論を押し切り、その答申に差し込んだのでした。この案を囁いたのは、当時の運輸省国鉄部長だったと住田氏は書いています。同じ運輸官僚である林淳司氏は国益、国鉄の機能再活性化だけを考えて作業を進めていました。一方、かつて林さんの退路を遮断した国鉄部長は省益優先で住田氏に新幹線保有機構を進言したのでした。

この案を見せられた時、国鉄側の改革グループもまた強い危機感を持ちました。しかしながら、当時圧倒的多数が反対をしている分割民営化を進める立場からすると、この問題で国鉄再建監理委員会に対立することは反対派を勢い付けるだけであり、得策ではないという大局判断から、一部与・野党、国鉄内部にあった当然の批判・修正要求を説得して押さえたのでした。一旦は通しても、将来必ず枠組みを見直す機会が訪れる。その時が来るまでは、敵前での分裂を避けるという考えでした。

かくして国鉄改革法が成立して「新幹線保有機構」の設立が決まりました。国益対省益のせめぎ合いの第一ラウンドは省益の判定勝ちに終わったのでした。

ＪＲ東日本ハブ会社構想

この事を前提に国鉄の資産分割作業が始動しました。新幹線保有機構をめぐる第二ラウンドです。国鉄側の狙いは、ＪＲ東日本を「ハブ会社（看板会社）」とするとともに、そのトップ人事を国鉄人の手で決定することにありました。資産分割チームは、次のように考えました。

保有機構がある限り、新幹線の首根っこは運輸省に押さえられている。従って、東海道新幹線の収入が全収入の約八五％にも及ぶＪＲ東海の未来は国鉄人にとっては失われたも同然だ。一方、ＪＲ東日本は東北・上越新幹線はあるものの、その全収入に対する比率は二〇％程度であり、何よりも首都圏の強大な都市鉄道網を持っている。また、首都圏内の在来線鉄道用地の中にはその使用密度が低く、事実上の遊休地に近いものも少なくない。民営化後に施設の統合をやれば、転・活用可能な土地は広大な面積にのぼる。しかも、それらは全て簿価評価で手に入るのだから膨大な含み資産だ。現実的に考えれば、ＪＲ東日本こそ分割民営化後、自律的経営により限りない発展可能性のある国鉄人の「新大陸」である。従って、そこに国鉄の保有する資産をできる限り集中させ、これを「ハブ会社」あるいは「看板会社」とし、運輸省が新幹線保有機構を通じて自らの手中に収めようとしている新幹線網に対抗して国鉄民族の利益を守ろう。「ハブ会社」、「看板会社」はいわば「親会社」のようなもので、他のＪＲ各社を経営的に支援するとともに、キャリア社員は五年をタームとして「ハブ会社」と子弟会社（他の六社）の間を人事異動するという考えです。

この考え方に意を決した資産分割チームは、総裁に進言し、総裁の全面的な承諾を得るに至りました。

杉浦総裁は元運輸省事務次官ではありましたが、省益にこだわるタイプではなく、国鉄総裁として「国鉄人」の総意を代表し、鉄道を活性化することが自分の役割だと思っていました。そんなわけで、総裁室長から聞く「ハブ会社構想」にすっかり共感し、構想と心情的に一体化するに至りました。私は労務の前線でその日暮らしでしたから、いわば水面下のプランとしてごく少数の者が共有していたこの構想の経緯を知ったのは、民営化後、杉浦清算事業団理事長のお話を伺ってからでした。

「分割と言いながら実体は親子関係で連なっているというのは法律と真っ向対立するではないですか、いざ上場となったらどうされるお積りだったのですか」と尋ねる私に、杉浦さんは「いや、あの時点では上場は不可能とみていたんだ。ハブ会社は私自身の発想だ。

新幹線保有機構の『毒』に対抗するためにはこの方式しかない。あれが一番皆にとって幸せだと考えたんだよ。私は五年ごとの異動を本気でやるつもりだった。そのためにどうしてもＪＲ東日本の社長をやりたかったんだ。住田が社長となった時、もう全ては夢と散ったことを悟ったんだよ」と語りました。

保有機構に反対して押し切られた林さんは、この時は国鉄再建総括審議官の立場でしたが、彼も杉浦ＪＲ東日本社長の実現を全面的に支援しました。新幹線保有機構の存在を前提にして国鉄の利益を考えれば、ＪＲ東日本ハブ会社構想は一見目的合理性を持つかに見えます。しかし、この構想は正当性、大義名分に決定的に欠けているという弱点がありました。国鉄改革法の理念は各会社がそれぞれ独立した会社として経営努力をし、十年を目途に上場を果たす。そしてその株式売却益を国鉄債務の返済に充てることにあります。ＪＲ東日本に資産を集中し、「ハブ会社」が他のＪＲ各社を経営的に支援するという考えは、日陰で囁くことはできても、堂々と主張はできない、いわば蜃気楼のようなものでした。正当性のある目標を合理的な手段で推進するのでなければ、結局は実現可能性も、持続可能性もないからです。

一方の保有機構もまた実体的、論理的な正当性を持ってはいませんでしたが、法律化されることにより形式的には正当性を持ったのです。堂々と公言できるものと日陰でしか囁けないものとの対決は、前者が勝つに決まっています。ことのなり行きをじっと見ていた新幹線保有機構の提案者たちは、「ハブ会社」であるＪＲ東日本に膨大な含み資産が帰属することが確実となったのを見計らって、社長人事に介入して住田正二氏をＪＲ東日本の社長に送り込んだのでした。総理大臣、運輸大臣にまで巧みに働きかけたと言われています。新幹線保有機構を提起した国鉄部長は、この時点では官房長になっており、省内および省ＯＢの人事を管轄する立場にいました。

国鉄の資産分割・トップ人事チームは、杉浦ＪＲ東日本社長実現のためにあらゆる手段を尽くしました。最後は杉浦さんが直接運輸大臣室に橋本大臣を訪ねて懇請するお膳立てまでしましたが、逆効果でした。杉浦さんはさぞ心外だったと思います。私自身も当時の橋本龍太郎運輸大臣から「猟官運動が目に余ったから、杉浦さんにだけはＪＲ東日本の社長をやらせるべきではないと確信したんだ」と言い渡され、暗然たる思いがしたことを忘れられません。結局杉浦総裁はＪＲ東日本ではなく、清算事業団理事長に就任することになりました。総裁室長も「ハブ会社」の副社長ではなく、ＪＲ西日本へと振られてしまいました。これが第二ラウンドの決着で、再度、運輸省益グループが意思を通した結果になりました。

杉浦総裁は心から国鉄の総裁になり切っていました。過剰に思い入れ過ぎたくらいなのだと思います。天真爛漫さ、部下思いの優しさ、誠実さ、それでいて揺れ動かない強さ、全てが労務を進める際には掛け替えのない指導力の源泉でした。その総裁を大義のないゲームに引っ張り込み、そして屈辱的な結果を招いた少数の人々の責任は、決して軽くはありません。彼らは、「国鉄人」の利益を旗印にしながら、自分自身の身の振り方を考えていたのだと疑われても仕方ありません。自らのために謀《はかりごと》を巡らす者は、必ず自らを傷つけることに終わるという警句の好例となってしまったのは残念です。分割民営化の趣旨に則り、法律の定めるところに従って、自然で理に適った資産の配分をやり、新幹線保有機構の問題点は後日、大義名分を明らかにして、正面から堂々と論ずるべきだったのです。

ネガティブキャンペーン

ＪＲ東日本ハブ会社構想が資産分割の基本方針として、経営計画室や総裁室で進められる一方で、水面下では反職員局のネガティブキャンペーンが行われていました。

「動労執行部は革マルである」とか、「職員局は動労を甘やかし過ぎている」、だから「分割民営化後の会社運営、特に労務を職員局に任せてはならない」という内容のものでした。それは、再建実施推進本部の数人が、まず第一に「ハブ会社」は自分たちの手で経営する。そして第二に「ハブ会社」の労使関係は、自分たち自身の手で白紙から書き直すという考え方であったことの表れだと思われます。

国鉄改革の労務・要員施策は、先述しましたように、息もつかせぬ前進の一年半を過ごしたわけですが、その過程で、反対する国労や社会党との間に生じるたくさんの摩擦を凌ぎ切らなければなりませんでした。また、自・社体制の下では、社会党と摩擦を起こせば、自民党からも不快の目で見られるわけです。労務に対するネガティブキャンペーンは、そのような外の空気におもねるかの如く聞こえました。しかし、そうしたネガティブキャンペーンは、様々な反撃、圧力に対して毅然として終始一貫ぶれることがなかった杉浦総裁の足を引っ張ることでもありました。

我々はそれに対しては一切反応しませんでした。分割反対派に乗ぜられるだけだと考えたからです。分割民営化後の労使関係については以下のように考えていました。新しい組合は長く厳しい対立の歴史を持っている鉄労と動労、国労出身者、それから管理者といった人たちの連合体である。この人たちが直ちに打ち解けあい、心を開きあって融合することはあり得ない。従って、彼らが折合っていくためには、お互いに気を遣い、理性をもって自己抑制をしながら民主的な組合運営をやる。そのうちに、新しい会社で採用された過去のしがらみのないメンバーが次第に増えて行く。またすれ違っていた人々の気持ちも和んで行く。その時になれば、自然に心の一体化が果たせるだろう。そう思っていました。

分割民営化から二十四年を経て、現実を見ると、ＪＲ東海の労働組合はまさにそのような体制になっています。元管理者だった者、元鉄労だった者、元動労だった者、元国労だった者、そして新しい会社になってから採用された者、それぞれが、二十年余を経た今、出身母体にかかわりなく完全に打ち解けあっており、我々が目指してきたような建設的な労使関係が築かれています。建設的な労使関係とは、互いにテーブルを挟んで向かい合うだけでなく、一緒に並んで同じ目標に向かって手を携えて進むという、二つの軸でもって構成される労使関係です。

ではＪＲ東日本の労使関係はどうなったでしょうか。国鉄改革の中での労務・要員対策のしがらみを持たない人たちの手で運営された白紙の労使関係のはずでしたが、必ずしも当初、「ハブ会社構想」を企図した人々が期待したような形にはならなかったように思われます。

分割民営化後、ＪＲ東日本の労使関係が困難な状況になると、「国鉄職員局のベテランを葛西さんが全部東海に連れて行ってしまった。それで今、我々が苦労しているんだ」というような水面下での解説話が新聞記者に流されました。これは語るに落ちた話です。ただ、結果として、職員局の主要メンバーはＪＲ東海あるいはＪＲ西日本に赴くことになり、信頼で結ばれた僚友とともにＪＲ東海の建設に携わることができたことは、私にとって大変幸運であったと考えています。

この時期をもって私の「羽化」する時代は終わり、「成虫」になったと考えております。

第五章

ＪＲ東海でリニアに挑戦――「成虫」の時代

キーワードは「遊想」

分割民営化が終わって、私は「成虫」となったと言えます。この時代のキーワードは「遊想」と言っていいと思います。それは大局を見て、想像力を自由に遊ばせて、創造的に仕事を創り出し、それを進めるという意味です。新たな発想が生まれる時には、ひとつの共通条件があります。それはどんな時でしょうか。逆説的に聞こえるかもしれませんが、体が自由な時には人間の精神は眠っているように思います。発想が生まれるのは、体が拘束され、半ば退屈をしている時です。

ＪＲ東海に赴任して以来、私が貢献したのは、大小戦略の着眼、提起、発動に尽きると考えています。そのような発想を得るのはほとんどの場合、東京〜名古屋間を往復する新幹線の車中、通勤途上の車中、あるいは長く退屈な会議の最中などです。そういう時には体の自由は拘束されているために、心は自由を求めて浮遊する傾向にあります。就寝後、横になって眠りに就くまでの間は遊想の時間です。そのような時に様々なアイデアが浮かび、それをちょっとしたキーワードだけメモにしておいて、後で反芻するという形で様々な施策が生まれました。

ＪＲ東海初代社長は須田寛さんでした。須田さんは、無私の心、明朗さ、誠実さ、質実さ、清廉さなど、全てにおいて大変優れた上司でした。杉浦総裁に続いて、須田社長と編隊を組めたことは幸運でした。私の下には国鉄以来、気心の知れた人々が移ってきて、また新しいチームを作ることになりました。

国鉄の職員局の時には、我々は分割民営化という大戦略を与えられており、私の役割は様々な創意工夫を行いつつ、刻々と状況が変わる中で新しい戦術的なアイデアを出し続け、主動し続け、施策を推し進めることでした。そのためには、政治・行政・労組・マスコミの空気や動向を敏感に感じ取り、分割民営化に反対するグループの次なる行動に先んじ、味方の足並に乱れを生むことがないよう、感性と理性を働かせて瞬発的に行動することが大切でした。いわば戦場にいるようなもので、日々進展する状況を直視し、情報を集め、それらを基に想像的に着想し、行動プランを立案し、実行することに、僚友とともに携わってきたのです。

発足時のＪＲ東海の実情

ＪＲになってからは、東海道新幹線を基軸とする社業全般にわたる大戦略を提起する立場に変わりました。それがＪＲ東海発足後、最初に就いた総合企画本部長としての責務でした。名古屋は課長の時に赴任して以来、あまり訪れる機会もありませんでしたが、ＪＲ東海の経営現状は厳しいものでした。

国鉄時代に東海道新幹線は、その収益力を山陽、東北、上越の各新幹線の建設や赤字ローカル線の補塡に充当し続けてきました。従って、東海道新幹線自身の地上設備ならびに車両など、設備の近代化に向けて力を注ぐことができませんでした。設備の疲弊、陳腐化が進行し、また一方でサービスの優位性は侵食されつつありました。

国鉄時代には安全対策投資、維持改善投資も必要最小限度で、東海道新幹線に対して年間平均四百五十億円くらいの投資しかなされていませんでした。ＪＲ東海になってからは、これを一千億円前後のレベルに増強し、国鉄時代の荒廃を解消し、近代化を進めてきました。私が赴任した時には、このままでは長期的に持続的に競争力を維持していくことのできる状況ではなかったように思います。こうした現状を見ながら、急速に施策を決めていったのです。

政治は妥協的、経営は徹底的

政治と企業経営は、意思決定において対極的な性格を持っています。国鉄の民営化とは、国鉄時代の政治的な意思決定を民間企業の自律的な意思決定に変更したことを意味します。ＪＲは、民間企業とは言え、まだ一〇〇％国が株を持つ特殊会社であり、制約が様々ありましたが、それでも政治の意思決定に毎年左右されることはなくなりました。

企業の意思決定の特性は、自分自身で自分のことを決められる自律性にあります。そして自律性を持っているがゆえに素早く対応することができる即応性、遠い将来を自分の目で見通して戦略を立てる先見性、戦略性に長ずるという点で、政治的意思決定と異なります。自律的意思決定能力の獲得こそが、民営化のメリットであったと思います。

大まかに意思決定の方法を比べてみます。政治の意思決定は話し合いによるコンセンサス形成を基本の手段とします。それに対して経営の場合には、直感とか、大局俯瞰、長期展望、そして現状の直視に基づいた方針決定というリーダーの役割にかかってくるわけで、必要なのはコンセンサスでなく、リーダーシップということになります。

そして、一体何を追求するかというと、政治の場合には国民の多様な要求、多様な課題に応えて行くことが求められます。従って、目標はファジーであり、多様であります。

それに対して、経営の場合には利益を最大化する、あるいは市場占有率を最大化するという単純明快な目標のために、全ての能力を動員集中するという点が違っていると思います。結果として、政治の意思決定は妥協的になる一方で、経営の意思決定は徹底的でなければなりません。

経営資源の配分について言えば、政治の場合には財政的に貧しくなればなるほど平等に分散する形になり、経営の場合にはいかなる場合にも持っている資源を戦略的に集中することが求められます。そして、政治の責任はチェック&バランスで行き過ぎを抑えようという分散型責任体制になりますが、経営の場合にはリーダーの結果責任という集中的な形になります。

国鉄の場合には運賃、賃金、設備投資といった重要事項、あるいは組織のトップである総裁、理事の人事が政治・行政の意思決定によってなされていました。このように経営の基幹事項を政治の場で決めながら、民間企業の機動的、自律的経営と同様の成果をあげるという、矛盾した手段と目標を与えられていたのが公共企業体でした。いわば、「木に登って魚をとれ」というような組織でした。それが分割民営化により、この時点ではいまだ完璧ではないものの、自律性、先見性、戦略性を持ち得るようになったところに民営化の利点がありました。

民営化により与えられた自由をどう使っていくかを考えるのが、総合企画本部長としての私の仕事でした。最初の一年間でその後の二十年の経営戦略の種付けのほとんどを提起し、二十年後に民営化の第一フェーズが終わり、完全民営化が達成された時、その戦略のほとんどが成功裏に実を結びました。

鉄は熱いうちに打て

「鉄は熱いうちに打て」とよく言われます。ＪＲ東海発足直後に、私は分割民営化という大改革がスタート時点から内包している制度的欠陥をできるだけ早く修正しなければならないと思いました。その第一が、「新幹線保有機構」という民営化路線とは相容れない仕組みであったことはすでにお話しした通りです。もし今後長期にわたって放置すれば、分割民営化の際のマイナス効果だけではなく、鉄が冷えるように固まって既成事実化してしまい、自律的、戦略的であるべき民営化されたＪＲ各社の意思決定が、新幹線保有機構を通じて運輸官僚の手にかかり、政治の論理、行政の消極性に制約されるであろうことは必至でした。

繰り返しますが、新幹線保有機構とは、新幹線の地上設備を時価評価し、その評価額に見合った国鉄債務を引き継ぎ、新幹線を運営する会社が支払い能力に応じて毎年支払うリース料をプール計算して三十年間で債務を返済していくということを使命とする特殊法人です。

新幹線を運営している本州ＪＲ三社で、毎年合計約七千百億円のリース料を支払うのですが、その配分にあたっては、開業時期の差に基づく設備の新旧はほとんど考慮されず、住田氏の腹心の運輸官僚が定めた合理性もない配分式により三社にその負担が配分されていました。ちなみに、平成元年では、ＪＲ東海四千二百億円、ＪＲ東日本二千百三十億円、ＪＲ西日本七百四十億円となっていました。その上、地上設備の維持更新投資は貸し手である保有機構ではなく、全てリースを受けている鉄道会社が行うことにされていました。自分の資産ではないことから、通常の民間企業が資産の維持更新のために認められている減価償却費が計上できない状況の中で、ＪＲ各社が内部留保なしに維持更新投資をやらなくてはならないということです。すなわち、国鉄の借金をリース料で返済する一方、維持更新投資のために新たな借金がＪＲには累積していくという仕組みでした。

最重要の「死活問題」

東海道新幹線が建設されて当時すでに二十三年経っていましたが、これをなんとかしなければ、近い将来劣化が進んで行くのは必至の状況でした。新幹線を持続的に健全に維持し、発展させるという創業の使命を果たすためには、新幹線保有機構を解体し、新幹線の地上設備と、それに見合う債務を会社のものとすることが急務でした。

ＪＲ東海は当時、毎年全リース料の約六割にあたる四千二百億円を支払っていましたから、逆算して五兆円余りの債務を背負っているのと同じ状況でした。リース料はＪＲ東海の旅客運輸収入の約四五％を占めていました。時間が経過すると欠陥制度が固定化してしまうと同時に、東海道新幹線の競争力、安全性は年々劣化する。新幹線が収入の約八五％を占め、リース料の約六割を負担するＪＲ東海には、特に死活問題でした。

経営の実情をよく知らない人は、ＪＲ東海は一番収益性のある東海道新幹線を継承したので経営が楽でいいなどと言いますが、答えは「ノー」です。旅客運輸収入の約四五％を新幹線保有機構へのリース料が占め、しかも借金が毎年増えて行く。楽なわけがありません。しかし問い方を少し変えて、「ＪＲ東海は国の大動脈を預かっているやり甲斐のある会社だ」と言うのなら「イエス」です。東海道新幹線の果たしている使命は大きく、これを荒廃させては絶対にいけないというコンセンサスは誰も疑いません。

従って私は、厳しい現状を直視することから始めました。そして独立、自由な精神で本来の機能を回復し、使命を果たし得るように制度変更を進めることにしました。「分割民営化の制度が発足したばかりなのに、これを解体してほしいなどと言うのは潔くない。まず与えられた条件でベストを尽くしてみてそれで駄目ならその時にこそ改善を求める。それこそが責任ある態度だ」と言う人がいましたが、彼らこそは問題の先送りで国鉄を崩壊させた人々、すなわち分割民営化「出口論」を唱えた守旧の人々と同根です。まず現実を直視すること、そして問題の根本原因を摘出し、抜本策を求めることこそ肝要です。全ては変えられる、そしてその成否は目的の合理性と正当性にかかっている。その意味で、JR東海は「イエス」なのです。

「新幹線保有機構」解体

結果的に新幹線保有機構は発足後四年半で解体となりました。直ちに行動を起こしたことが良かったと思います。JR東海発足と同時に、東京参与会というJR東海のアドバイザーの会議を作りました。その会議には国鉄清算事業団の理事長、国鉄最後の総裁だった杉浦喬也さん、国鉄再建監理委員会委員長だった亀井正夫さん、同じく委員長代理で座長の加藤寛さんが入っており、その他、東京電力会長の平岩外四さんなど影響力のある財界人が名を連ねてくださいました。東京参与会を作った主要な目的のひとつは、ＪＲ東海の経営の致命的な障害となっている新幹線保有機構の矛盾点を理解していただき、解体に向けての応援をしていただくことでした。

国鉄再建監理委員会の答申を作成する主力となった二人の当事者と、答申を執行した最高責任者に加わっていただいたことは大正解で、その結果、早期に機構を解体する流れが作られたわけです。

我々にとって決定的に幸運だったのは、平成元年六月、運輸官僚トップの事務次官に、国鉄再建監理委員会の事務局次長をやり、分割民営化の推進に決定的な役割を果たした林淳司さんが就任されたことです。二年間次官を務めることになりますが、林さんは国鉄再建監理委員会時代に住田委員が提案した新幹線保有機構に最後まで反対して譲らなかった人です。結果的には先輩であり、次官のＯＢであった住田氏に押し切られる形になっていましたが、彼はこの点について深い憤りと、早く変えなければならないという認識を持っていたわけです。

一時は「運輸官僚としてのキャリアはもう終わりだ」とまで言われた林さんが次官に就任したのは、杉浦国鉄清算事業団理事長の強力な働きかけのお蔭でもありました。この時点で林さんが次官でなかったら、我々の初動作戦は成功しなかった可能性が高いと思います。

またもう一つの好条件は、分割民営化が実現した時はバブルの上昇期で、当初予定していたよりも急速に経営状況が良くなったことです。法律上は十年以内に株式上場することになっていましたが、JR各社が発足する時点では、政府内でも新生JR内でも十年以内に上場が実現するとは誰も考えていませんでした。杉浦さんは後日、「新幹線保有機構及びJR東日本ハブ会社構想は、共に新生JRが上場できるとは誰も思っていなかったことの証拠だ」と話しています。ところが実際に分割民営化してみると、収入の急速な伸びにより、上場基準を予想以上に早くクリアすることができたのです。

新幹線保有機構の矛盾した仕組みを改めない限り「上場は無理だ」というのが、東京証券取引所の見解でした。「もう済んだ話だ、割り切ったのだ」と言ってこだわったのは、唯一人、制度の発案者の住田氏だけでした。

上場が目前に近付いたこと、そしてその時の対処方法について林次官が最高責任者だったこと、国鉄清算事業団理事長の杉浦さんが上場の決定権者だったこと、国鉄再建監理委員会の亀井さん、加藤さんや、平岩さん他財界、学会の有力な識者が一致してサポートしてくれたこと、これらが一つの大きな力になって、新幹線保有機構が解体されることが平成二年十二月に決まり、平成三年十月一日に新幹線保有機構は解体されました。

「鉄は熱いうちに打て」という言葉通りに行動した結果、自律的経営の決定的障害が取り除かれたのです。これで新幹線保有機構という不適切な仕組みをめぐっての三幕ドラマの最後の幕が閉じることになりました。大義も正当性もなく、合理性も整合性もない制度は、結局は持続できないということを本件は証明しています。

それではこのドラマの結末はそれぞれの当事者にとって悲劇だったのでしょうか、それとも喜劇だったのでしょうか。

保有機構を強引に制度化した発案者は、国鉄がそれに対抗するために、資産を「ハブ会社」に集中配分する姿を黙視していました。そして資産配分の全てが決まった時にトップ人事に触手を動かし、その頂点の座を手中にしました。省益の触手としての新幹線保有機構は、もうどちらでも良かったのかも知れません。彼にとって、今までの経過は間違いなく喜劇と言えるでしょう。新幹線保有機構は解体されましたが、この不合理な制度により東海道新幹線に負荷された過大な承継債務はそのまま残りました。また、不条理に対して不条理で対抗しようとしたＪＲ東日本ハブ会社構想の結果である不適切な用地の線引きも、改められることなく残りました。「ハブ会社」を手中の収めた人にとっては、笑いが止まらなかったかもしれません。一方、「ハブ会社構想」を密かに進め、最後の瞬間に果実を手にできなかった人々にとっては悲劇以外の何ものでもなかったでしょう。

全く関係のなかった野外アリーナから芝居の開幕後に劇場に招き入れられ、その現実を見た私や私の僚友たちにとって、保有機構の解体は自律的経営確立への茨の道の新たな一歩でした。そして、新幹線保有機構がもたらした過大な債務と、不適切、不合理な資産配分の現実が全く修正されなかったのは、心残りであったことを否定するつもりはありません。住田氏の周辺からは「あんなに膨大な債務を背負って、それでも新幹線保有機構を解体して自立したいというＪＲ東海の気持ちが分からない。長くは持たないのではないか」などという多少とも嘲笑的なコメントが流されていました。

確かに解体が決まった時、東海道新幹線は、東北・上越、山陽新幹線も含めた四つの新幹線が背負った国鉄債務の六割弱の約五・一兆円を背負っていました。その時点での毎年の利払いは旅客運輸収入の約三三％にあたる約三千五百億円。極めて重い負担であったと思います。そもそもバブル経済の上昇期でなかったら上場基準は充足されず、上場の必要性がなければ保有機構は解体されなかったと思います。

そして、解体直後にバブル経済が弾け、ゼロ金利時代が到来しなかったら、ＪＲ東海は金利支払いの重圧に苦しんだかもしれません。新幹線保有機構解体は合理性と正当性を持った処置であり、鉄を熱いうちに打つ着眼と決断は正解でした。会社の経営を語る場合、自律的・独立的意思決定能力に勝るものはないのです。国鉄民営化の原点は、そのことに尽きます。ただし、新幹線保有機構の解体はバブル上昇期だったからこそ実現した。さらに実施の三ヶ月後にバブル経済が破裂、ゼロ金利時代が到来するという絶妙のタイミングにより助けられました。「正攻法」と「速行」が天運を招いたような気がします。

およそ、未来に向けて広がる原野には地図がありません。そんな時、はっきり言えることは、自律的に、独立の意思を持って自分の未来を切り開く自由以上に価値のあるものはないということです。その一事が結果としてのハッピーエンドにつながりました。現在、ＪＲ東海は日本の企業の中で最も刺激に満ち、夢のある、そして資金的にも力のある代表的な企業の一つに数えられています。「天は自ら扶《たす》ける者を扶けた」のです。

品川駅プロジェクト

この新幹線保有機構の解体と並んで、同時に提起したのが東海道新幹線品川駅の建設問題です。保有機構の解体というのは、分割民営化の初期設計ミスを正す行為でした。そうであれば、同じような初期設計ミスで、本来不可欠であるにもかかわらず分割案の中に入れなかった東海道新幹線の品川駅建設を同時にやってもらいたい。すなわち、JR東日本に簿価で帰属することになった用地の一部を、同じ簿価でJR東海の品川駅建設用地として移管してもらいたいと要請したわけです。

品川駅の必要性は国鉄時代からつとに認識されていました。東海道新幹線は一時間に最大十五本まで列車を運行できる能力を持っています。ところが、東京〜品川間では十五本のうち、三〜四本は大井の車庫に出入りする回送列車用に取っておかなければいけません。従って、営業列車は十一〜十二本が限界となります。品川に駅があれば、回送列車に取られた三、四本を品川から始発させることにより、現在の一時間十一本〜十二本から十五本までトータルの列車運転本数を増やすことができるというのが最大の理由でした。

もう一つの理由は、東北・上越新幹線においては東京、上野、大宮と、首都圏に三つのアクセスポイントがあるのに対し、東海道新幹線においては東京、新横浜の二つしかないことです。品川に駅を建設することによって、東京の西南部に住んでいる人々の新幹線利用が大変便利になるのです。

この二つを達成するために、新幹線保有機構の解体を求めるのと同時に、分割民営化の資産分割フレームの微修正提案を行いました。国鉄の用地は、元来国民の財産です。まだ上場になっていない国有民営のうちに、利用者の便益にかない、合理性のある目的のためならば、微修正するのは可能であり、そうすべきだと考えたのです。しかし、住田氏およびその周辺では「一旦簿価で自分の懐に入ったものを変更されては困る」の一本槍で大反対しました。国民の財産を引き継いだJRは、自営業の二代目が親から引き継いだのと同じような気持ちでいられては困ると称する声も少なからずありました。彼らはこれが蟻の一穴になることを恐れたのでしょう。運輸省は、学識経験者を含めた検討委員会を作り、品川駅の建設は必要と断じましたが、我々は簿価での買い取りはあきらめ、結果的に必要な土地は時価で買い取ることになりました。

しかし、世の中は大変味なもので、交渉が難航し用地の買収問題に時間がかかった。その間にバブル経済が崩壊して、品川駅建設を提起した時期に比べると地価は五分の一くらいに下がり、比較的リーズナブルな価格で品川駅の土地を確保することができました。

「中央新幹線」はＪＲ東海の使命

三番目の欠陥点は何だったか。ＪＲ東海の使命は国鉄再建監理委員会の最終答申の定めるところにより、「首都圏と近畿圏の旅客流動を担当する会社」とされ、日本の大動脈である東海道新幹線を民間的経営により、持続的に活性化して経営することでした。

従って、全国新幹線鉄道整備法の基本計画路線に入っている「中央新幹線」は、当然、分割の枠組みの中でＪＲ東海の使命と規定されなければならないものでした。なぜなら中央新幹線は東京から甲府市付近、名古屋市付近、奈良市付近を経て大阪市に至ると基本計画に定めてあり、もしこれが建設されれば東海道新幹線と全く同じ機能を果たすようになるからです。それにもかかわらず、「中央新幹線は将来東海道新幹線と一元経営される」ということが全く触れられていませんでした。

すでに整備計画路線となっていた北陸新幹線については、東半分はＪＲ東日本、西半分はＪＲ西日本という経営主体が定められていたのに比べると、ＪＲ東海の使命と一体をなす中央新幹線の経営主体が明らかになっていないのは大きな欠陥であり、一刻も早く修正しておかなければなりません。さもないと、ＪＲ東海の使命の持続的遂行が不可能になる恐れがありました。

もし中央新幹線が建設されれば、東海道新幹線の旅客の半数以上が中央新幹線に移行するということが明らかである以上、両者の一元経営は必然であり、分割民営化の枠組みの中で決定されていなければならないはずのものでした。約五・一兆円という東海道新幹線が背負った国鉄債務の返済は、旅客が二分の一以下に減少したのでは不可能になってしまいます。この点から見ても、一元経営は当たり前のことだったのです。以上のようないくつかの理由により、ＪＲ東海は行動を起こしました。

中央新幹線の問題を提起するにあたり、まず民営化直後の昭和六十二年にリニア対策本部を社内に立ち上げました。そして、超電導リニア技術を開発し、具体化するひとつのステップとして、山梨県に約二十キロの実験線をＪＲ東海の自己負担で建設するという提案を行って、単なる抽象的な議論の場から一つの具体的なプロジェクトへと前進させる作戦をとりました。

このＪＲ東海の提案は、合理性を持ち、かつ分割民営化の本旨に照らして正当性のある議論でしたから、運輸省は有識者の委員会を開いて、山梨県に実験線約四十キロを建設することを決定したのです。山梨県に決めた理由としては、一番目に超電導リニアの技術を試す地形的特色に恵まれていること、二番目に将来的に営業線としての活用が可能なこと、三番目に実験線を建設するのに地元の支援が十分得られることが挙げられています。

運輸省は超電導リニアの山梨実験線建設ならびに走行試験の財源的フレームワークを作り、必要な財源と負担方法を決めて予算要求をすることになったのですが、それに基づいて実験線の基盤施設の建設費、および開発実験経費のうち政府補助を除く額の約二分の一をＪＲ東海で負担してほしいと要請がありました。もちろんそのつもりでしたが、二つ前提条件をつけました。その一は「ＪＲ東海が実験線の基盤施設を負担するのは、それが将来実用線の一部として使えるからであり、ＪＲ東海は将来中央新幹線と東海道新幹線を一元的に経営する立場にいるからだ」ということを運輸省が公式に確認すること。これは、上場後の株主への説明責任という観点からも、当然のことでした。その二はＪＲ東海としては二十キロで充分と要求したのに四十二・八キロとなった。従って、それを先行区間十八・四キロと先行区間以外の一般区間二十四・四キロに分け、先行区間はＪＲ東海負担、一般区間は中央新幹線全線の建設費の負担割合が決まった時に、それに基づいて実用線先行建設区間として建設するべしということです。その一については公文書で確認する形で、その二は十八・四キロを先行建設するということで、この問題は決着がついたわけです。

この件も林次官の存在なしには片付かなかったと思います。

超電導リニアのことは後ほど改めて触れたいと思いますが、これまで述べてきた新幹線保有機構、品川新駅、中央新幹線の三つに関する制度的欠陥点に対して、鉄を熱いうちに打つ作戦を立て、それを実施してそれなりの成果をあげたことは大きな成功だと考えています。正当性、合理性に基づいて着眼し、速やかに動いたことが絶妙のタイミングと人の配置という天運を招いたのだと思います。

三つのタイムスパン

鉄道のようなインフラ事業においては、経営戦略を立てるためには三つのタイムスパンを考え、そのそれぞれについて、並行的にかつ着実に進めなければならないと思います。三つとはすなわち「現在」であり、「近未来」であり、「未来」です。この戦略マトリックスを長期大局の展望に立って確立し、日々変化する環境に臨機応変に対応しつつ推進する。その資源配分こそ、会社の大戦略と言えます。

「現在」の課題とは日々の課題です。それはJR東海の場合、まず第一に安全で安定したサービスを日々提供し続けることです。そしてこれは日々を積み重ねて永遠に維持しなければならない、大変厳しい課題です。東海道新幹線はすでに四十五年の歳月を経て、四十八億人以上のお客様に乗っていただいておりますが、この四十五年間を通じて乗車中のお客様が死傷される列車事故はゼロであるという完全な安全記録を打ち立ててきました。そして、これからも毎日毎日、永遠に積み重ねて行かなくてはなりません。大変重い課題なのです。そのためには、社員の高い士気、厳正な規律、高度の技術錬度がまず必要であり、加えて設備の維持強化、不断の技術開発によるバックアップが不可欠です。

さらに「現在」の課題であり、永遠の課題であるものとして、国鉄から承継した債務の削減があります。これについては、新幹線保有機構の解体とともに約五・一兆円の新幹線債務を背負うことになりました。当時の金利の支払いは平成四年度で三千五百億円に近いものでした。それから二十年余を経て、債務は約三・二兆円まで削減されました。金利の支払いは千二百億円にまで減っています。バブルの崩壊によるゼロ金利時代の到来が我々の金利負担の軽減にプラスになったわけです。しかし現在の三・二兆円の債務はなお収入の約三年分にあたるものであり、ゼロ金利がいつ上昇に転ずるか予断を許さないものであるため、日々、金利の動向に注視し、経営戦略の優先度を変えていかなくてはならないと思います。

オール時速二百七十キロ化

「近未来」は、通常二十年と考えています。我々がＪＲ東海発足時点で「近未来」の計画として取り組んだ課題はいろいろありますが、そのうち典型的なものを一つ紹介したいと思います。それは新幹線の時速二百七十キロ化です。ＪＲ東海の収入の約八五％を占めるのが新幹線であることを考えると、これは極めて重要です。

東海道新幹線は開業の昭和三十九年から新しい飛躍を遂げることなく、分割民営化を迎えました。ＪＲ東海では従来二百二十キロであった東海道新幹線の列車の運行速度を二百七十キロ化するという目標を立てて、昭和六十三年一月からそれに向けて検討・開発・実施に取り組みました。そして、３００系という新しい車両を開発し、平成四年三月から早朝深夜にそれぞれ一往復ずつ営業運転を開始しました。これは画期的な車両で、従来の車両の常識を破ったものでした。アルミ車体、平滑なボディーによる抵抗の減少、パンタグラフの数を減らし高速で走っても騒音が大きくならないようにし、交流モーターを使い、ブレーキをかけると回生ブレーキで電力が架線に還流される。まさに新世代車両の誕生でした。こうして、「のぞみ」の二百七十キロ運転が始まりました。

それから七年後に700系を投入し、また、その八年後にN700系を投入して、今日N700系による300系の取替えを進めています。700系は二百八十五キロ、N700系は三百三十キロで巡行運転可能な車両性能となっています。ただし、東海道新幹線では全ての列車編成を二百七十キロ運行に抑えています。それだけでなく、300系、700系、N700系全ての車両の長さ、ドアの位置、座席数を統一し、全列車編成を普通車十三両、グリーン車三両に統一しています。「のぞみ・ひかり・こだま」のどの列車種別でも300系、700系、N700系のあらゆる編成で対応可能になっており、列車編成の運用効率を上げると同時に運行の安定性を高めています。

平成四年に300系でのぞみの営業運転を開始した後、二百七十キロで走れる車両は次第に増えてきたのですが、だからといって拙速にのぞみの本数を増やすと、その他の列車の待避時間が増えて、東海道新幹線の「のぞみ・ひかり・こだま」全列車群のトータルとしてのサービスレベルが落ちてしまいます。

そこで我々は、平成十五年に全ての列車が300系、700系に統一される、すなわち二百七十キロ以上の運行が可能な編成が全部揃うまでは、抜本的なダイヤ改正を実施しませんでした。のぞみの列車運行本数は、のぞみに使用可能な車両が増えていくにつれて、比例的に増えていったのではなく、続行便のような形で多少の増加はありましたが、平成十五年十月に品川駅が完成し、全ての列車編成が３００系、７００系という二百七十キロ以上で運行できる状態になった時に、一気に飛躍して、最大毎時のぞみ七本、ひかり二本、こだま三本という十二本体制ができたのです。

現在はのぞみ九本、ひかり二本、こだま二本、一時間に最大十三本体制にまで増えています。このように、鉄道という鈍のような性格をもった輸送手段では、トータルとしてのシステムの改良を行うためには、スピードアップ一つにしても、十七年の歳月を要したのです。それでも国鉄時代には昭和三十九年から昭和六十年までの二十一年間、一切の新しい車両の開発がなされなかったのに対し、ＪＲ東海になってからは約七年おきに、３００系、７００系、Ｎ７００系が開発され、新しい技術が素早く取り入れられるようになったことは、民営化による自律的・戦略的決断の効果の証しとも言えると思います。

もちろん、高速で走るためには地震波を早めにキャッチし、高速になったにもかかわらず、従来以上に安全な形で運行するための仕組み、地震動早期検知警報システムが導入されたり、様々な総合的な技術開発がなされたわけです。その結果、現在我々は一日に三百本を超える東海道新幹線の列車を運行しておりますが、列車の遅れは一列車平均〇・四分で、国鉄時代の八分の一になっています。遅れの理由は、地震、台風、豪雨、降雪など、あらゆる自然災害が、そのほとんどを占めているわけです。

品川駅開業

ＪＲ東海は平成十五年十月一日に品川駅開業とオール時速二百七十キロ化を同時に達成しました。それ以降、一日あたりの利用者数は東京駅、品川駅合わせて二万人増えることになりました。首都圏で東京駅、品川駅、新横浜駅と三つの旅客のアクセスポイントが東海道新幹線にできたわけです。新横浜駅は品川駅が開業することによって旅客の利用者数には影響が出ませんでした。従来、東京駅で新幹線に乗降していた人のうち、約三〇％の人にとって品川の駅のほうがより便利であるとみていました。実際は、東京駅は二十・五万人のうちの二・五万人が減って一日十八万人の乗降となり、品川駅は四・五万人の乗降となりましたから、二万人が増えたことになります。東海道新幹線は一回の乗車で平均七千円の運賃・料金ですから、一日に一億四千万円の収入が増えたことになり、一年間で約五百億円の増収という計算になります。品川駅の建設費は一千億円弱でしたので、二年で建設費を回収するという、この種のインフラ投資としては奇跡的、驚異的な採算プロジェクトであったわけです。

それだけではありません。品川の駅前を見ていただくと、計画前、品川駅の海側は広漠たる荒れ地でした。それが東海道新幹線品川駅の建設中に東京ドーム百個分の面積のビル群が建ちました。平成七年から平成二十一年までの間に東京の地価は東京全体の平均で四五％下落しましたが、品川の駅前地区は二六％上昇しました。これらは東海道新幹線の品川駅建設による外部効果が表れたものです。我々は品川駅前の用地を持っていたわけではなく、外部経済効果は我々の収入にはなりませんでしたが、地元のポテンシャルを高め、多くの人たちに外部経済効果をもたらしたのです。

品川駅開業とオール時速二百七十キロ化の同時達成は、東海道新幹線が航空機に対する絶対優位を確保する転換点となったわけです。

その後、平成十八年に完全民営化が達成されました。ここでＪＲ東海の「創業第一期」が終わったと言えます。創業第一期は新幹線を生まれ変わらせて、分割民営化体制の制度の初期設計ミスを全て直し、国鉄から承継した債務を大幅に減らし、金利負担を約三分の一に減らして成功裏に終わりました。

「未来」戦略としてのリニア

「未来」というのは、鉄道の場合五十年〜百年を意味すると思います。ＪＲ東海が昭和六十二年、発足初年度に描いた「未来」戦略ですが、それは超電導リニアの技術を実用化すること、そして中央新幹線を東海道新幹線のバイパスとして超電導リニアにより建設し、東海道新幹線と一元経営することでした。超電導リニアの磁気浮上技術については、平成九年から今日まで山梨実験線で技術開発が進められ、走行距離はすでに地球と月を一往復する七十七万キロを超えて、最高時速は五八一・七キロ、一日の継続運転距離が二八七六キロ、これは東海道新幹線一編成の一日の運転距離一四〇〇キロの倍にあたります。全く耐久力に問題ないということを証明しました。すれ違いの最高速度は時速一〇二六・三キロ、そして総試乗者数は十四・六万人となり、平成十七年三月に国土交通省超電導磁気浮上式鉄道実用技術評価委員会において「実用化の基盤技術が確立した」との評価を受けました。

創業第二期は平成十八年から始まって、今年で五年目になります。なぜまだ創業期なのかというと、それはいまだ安定軌道に乗るに至っていないからです。東海道新幹線の飛躍は確かに達成しました。創業第一期の成功体験により、ここで一息ついてもＪＲ東海の安定的な経営は当分揺らぐことはないでしょう。しかし、二十年経った後、ＪＲ東海が本当に不動の体制を保っていられると言えるのか。

いつ来るか分からない地震の問題、輸送能力の頭打ちが近づいている東海道新幹線の現状、着実な維持修繕により現状は良い状態を保っているものの、すでに四十五年間働き続けてきた新幹線の設備は永遠ではないという現実、完成したものの実用化されずにいれば次第に消滅してしまう先端技術の特性、これらのことを総合的に考え、いよいよ超電導リニアによる東海道新幹線バイパス、すなわち中央新幹線の実現に一歩踏み出す時が来たと判断しました。これが実現すれば、日本の社会・経済の発展に大いに資することになります。

創業第二期、平成十八年の年度初における「現在」の課題は、一つには依然として安全・安定輸送を日々守ることであり、二つには今なお約三・二兆円残る債務を削減し続けることです。「近未来」、二十年の課題は、平成三十七（二〇二五）年を目標とし、東京〜名古屋間を超電導リニアにより建設することと言えるでしょう。創業第一期を通じて長期の展望、「未来」の戦略を掲げ、一定の経営資源を戦略的に配分し続けた結果として、東海道新幹線と中央新幹線の一元経営という「未来」が「近未来」に引き寄せられたのです。

この「近未来」の課題が達成されれば「未来」が自ら姿を明らかにするでしょう。

「近未来」戦略の第一歩として、平成十八年九月に、十八・四キロの実験線を四十二・八キロに延伸し、その全線を実用仕様に更新する。全額自己負担で建設することを決定しました。それまでは、先行区間十八・四キロは自力で建設するが、その先の一般区間は国家プロジェクトとして整備新幹線と同様に国及び地方の負担で建設することとし、四十二・八キロへの延伸は中央新幹線全線建設の財源フレームが決まってから、その先行区間として建設するという考えでした。それを百八十度転換したのがこの延伸計画であったわけです。

十八・四キロ建設の際に参加したメーカーの技術者は、すでに退職したり、転職したり、あわや失われてしまう寸前でした。それがこれで生き返った。四十二・八キロは東京〜名古屋間の東海道新幹線バイパスの七分の一にあたります。平成十九年には東京〜名古屋間を超電導リニアにより自己負担で建設する計画を発表しました。平成二十一年七月には国土交通省超電導磁気浮上式鉄道実用技術評価委員会から「営業線に必要となる技術が網羅的、体系的に整備され、今後詳細な営業線仕様や技術基準等の策定を具体的に進めることが可能になった」とお墨付きをもらいました。現在実用仕様の九割はでき上がった状況になっております。これが創業第二期の基幹プロジェクトであると言って良いと思います。

ＪＲ東海は過去二十年間の創業第一期において大きな成果をあげてきました。結果として減価償却費は当初は七百億円程度であったものが現在二千四百億円を超えるまでに増加しています。それに純利益を加えたＪＲ東海のキャッシュフローはかなり豊かなものになっているわけです。これをどのような形で使うか。第一に安定配当を行う。二番目に東海道新幹線をはじめとする現有収益源の維持強化投資を行う。三番目に気を緩めることなく債務の返済を行う。

現在、金利負担はピーク時の約三分の一となり、二千億円以上の利子負担削減になったことから、四番目のオプションとして東海道新幹線バイパス建設を取りあげることが可能となったのです。もちろん金利の動向は決して予断を許しません。もし今のような財政規律の乱れが続いて金利水準が急速に上昇するような事態を迎えた場合には、設備投資の全てを抑えてでも債務の返済を進め、金利負担の上昇を回避することを常に心において金利動向に注目する必要があります。今後も、安定配当、既存収益源の維持強化、債務返済、東海道新幹線バイパス建設という四つのオプションの中で我々はキャッシュフローを使っていくことになります。

新幹線とリニアの海外輸出

創業第二期のもう一つの課題が、N700系新幹線のトータルシステムと超電導リニアのトータルシステムの海外輸出です。その目的は日本の鉄道に関係する製造業の市場を拡大し、我々が調達する部品の品質を維持、強化し、お客様の安全を確保することです。それだけでなく、我々が行った技術開発の投下資本は、国鉄時代は「民間が自由に使えばいい」ということでしたが、我々も民間になった今、当然ながら株主にできる限り還元すべきであり、ビジネスチャンスがあればそれを追うことが必要だと思います。

創業第二期はまだ始まったばかりですが、平成二十一年にはそのための部署として、「海外高速鉄道プロジェクトC&C事業室」を設立し、その一歩を踏み出しました。ただ一口に輸出すると言っても決して容易なことではありません。巨大な投資を要するインフラ建設は公共的資金に依らなければならない。その意思決定は政治マターそのものです。米国でもそれは同じです。意思決定までに長い「懐妊期間」を必要とします。従って、我々としてはじっくりと腰を据え、取り組む覚悟が必要だと思います。輸出の対象国は知的所有権が尊重され、契約が規範力を持ち、法的紛争処理の制度が整備されている民主主義国とならざるを得ません。具体的には米国を一つの目標として取り組むことになりました。

リーダーシップの三要素

ここまで私の鉄道人生四十八年間を概ね振り返ったことになります。ＪＲ東海発足から二十四年間、私は総合企画本部長、副社長、社長、会長と職名は変わってきましたが、その中でやってきたことは一貫して自分の得意な分野、地図のない時代にふさわしい大戦略の着眼、提起、発動だったと言って良いと思います。

全てのリーダーが備えるべき心の持ちよう、精神的資質があると思います。思いつくまに挙げてみますと、無私の心、独立自尊の精神、実を追い虚を退ける心構え、不屈の意思、そして人を見分け、信じる能力などです。その上でリーダーシップの機能を分解すると、三つの要素になります。その第一は「大戦略の提起」能力です。まず大局を見る、長期を展望する、そして向かうべき方向を見定める。その上で足元の現実を正確に認識して、その間をつなぐ道筋を考える。これが「大戦略の提起」だと思います。そのために求められるのは独立自尊の気構えです。想像的で独立した思考が創造性、ダイナミズムにつなが

リーダーシップの三要素（図三）

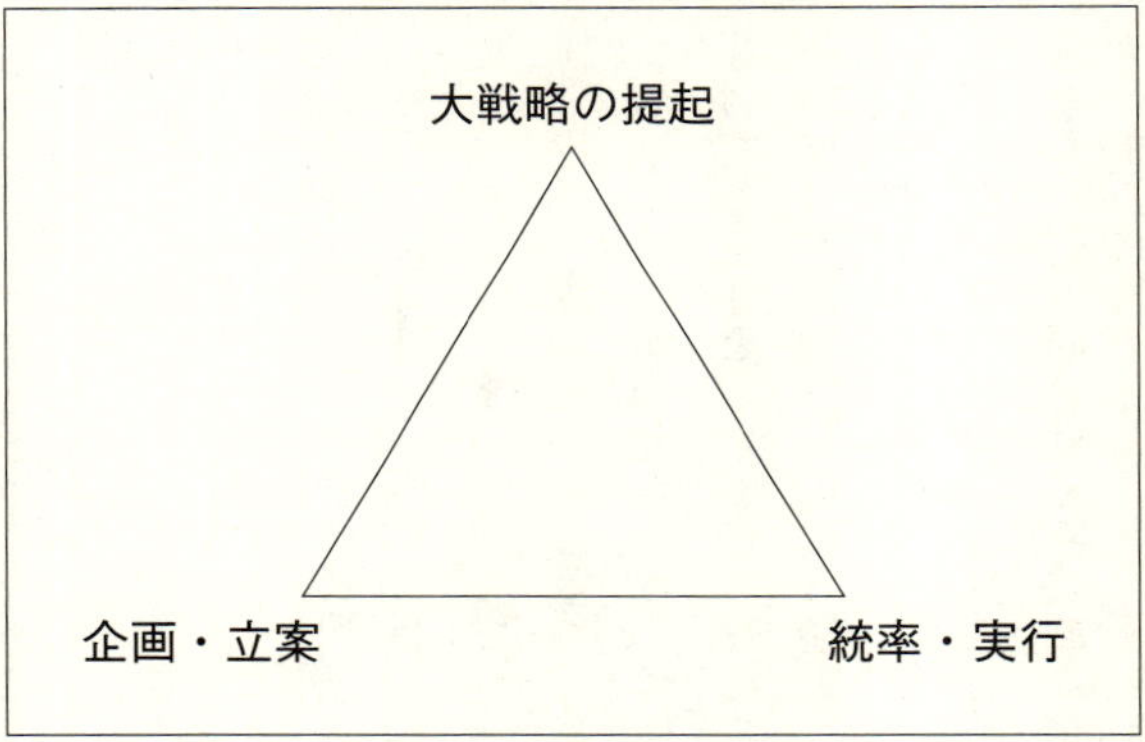

っていきます。この「大戦略の提起」は、特に戦時、あるいは非常時に求められ、養われる能力と言えます。

第二に「企画・立案」能力、いわゆる参謀型の能力もリーダーシップの重要な部分です。

そして第三に「統率・実行」能力。その三点が指導力の三要素であり、そのどれに長じているかは人により異なりますが、誰もがその三つの能力を持っています。「蛹」の時代に問われるのは、組織としての大戦略が決まっている中での「企画・立案」能力と「統率・実行」能力の二つです。（図三「リーダーシップの三要素」）

しかし、これが地図のない道を行かなければならないような状況になったり、全く行く先の方向を見極めることができない、地図もないが方向も分からない、まるで樹海の中を行くような状況になったりすると、「大戦略の提起」能力は死活的な問題になります。平和な時代、すなわち昨日までの延長線上に今日があり、今日の延長線上に明日があるという状況では、問われること、求められることがほとんどない能力、むしろ敬遠される能力だと思います。

ここで私が生きてきた国鉄時代から今日までのことを考えると、国鉄時代は経営が常に悪化しつつありました。そして分割民営化という全く先の見えない抜本策を模索する時代が続き、民営化後にどん底から這い上がる時もいつも先が見えない状況でした。そのため、いわゆる自由な想像力に基づいて、ある時は長期大局、またある時は臨機応変に決断を下すことが求められる機会が多かったのです。

私自身はどちらかというと空想的な少年時代を過ごし、鉄道という組織に埋没したくないと考えてきました。そのことが変革の時代には幾分か向いていたのだと思います。その意味で鉄道で過ごした過去四十八年間は、自分にとっては非常に恵まれていたと思います。「企画・立案」能力は、高等教育で身についた知識と教養が活かされるとともに、仕事を通じても常に問われ続ける能力です。それは調査能力であり、分析能力であり、理論的思考能力であり、構成力であり、説得能力です。大学教育など高等教育や、役所、大企業などの職場経験を通じて養われ、評価の対象となるのは主としてこの能力です。

三つ目の「統率・実行」能力の根本を成すものは、人心掌握能力、人を組織化する能力、あるいはどんな時でも平静を保ち不動心を持って揺れない能力、状況変化に直感的に対処する能力、必要な決断を速やかに行い不撓不屈の意志を持って進めていく能力です。この面での能力について言えば、当社には世界に比類ない安全・安定輸送を守ってきた国鉄時代以来の伝統が引き継がれており、それは日本だけでなく、世界全体を見渡しても誇り得る強味だと思います。ただ、平常時における統率と、非常時では事情が異なります。厳しい試練の時には道筋が見えません。そんな時に必要なのは、困難を乗り越えて成功した体験の共有なのです。

その三つの能力がバランス良く全部整うと、大変強いリーダーシップが生まれます。しかし、一つが全く欠落していると積はゼロになってしまいます。私自身若い時代、「蛹」の時代には三つの能力のうちで特に「企画・立案」能力と「統率・実行」能力を問われ、鍊えられるケースが多かったと思います。

個人と組織のリーダーシップ

リーダーシップを論ずるにあたっては、個人の能力も重要ですが、実際には組織としての能力が大切なのだと思います。私は自分の職業人生の中で、特に「羽化」期を迎えてからは、ほとんどの時期に自分のやりたいこと、得意とすることに力を発揮する環境を与えられてきたように思います。もちろん若い頃には三要素のうちの別の能力を試されることがあり、その能力を示さなければならないので、私もそれぞれについて、一定以上の努力を積み重ねました。

しかし国鉄の分割民営化からＪＲ東海の建設に携わるようになってからは、総じて空想的な少年時代の延長線上の能力とも言える、自由に、想像的に考え、目前に広がる地図のない道を行くための目標と手段の提起、模索、前進に集中してきました。それ以外は誰かに任せ切ることができたからです。私の傍にはいつも任せて絶対安心できる人たちがいました。振り返ってみると、山田佳臣社長は経営計画室、職員局を通じ、松本正之副会長、阿久津光志《こうし》副社長は職員局でチームを組んで以来、今日まで一貫して僚友としてやってきました。そしてＪＲ東海になってからもたくさんの新しい若い人たちが僚友に加わり、一緒に仕事をやる体制ができました。各局面での作戦の立案・実行を僚友たちに任せ切り、自らは自由に想像を巡らし、着想を得て、提案することに力を注ぐことができたことは、本当に幸運であったと思います。

信なくば立たず

組織というものは信頼で結ばれていなければ強くありません。不信を前提とした組織も世の中にあります。例えば、情報組織はその特質上、情報源の保秘が死活的に大切です。お互いに信頼して自分たちの情報を共有するよりも、それぞれの持っている知識はそれぞれの細胞の中に限られるというディフェンシブな組織とする必要があるでしょう。しかし、積極進取により大きな成果をあげることを本義とする企業の場合、組織は信頼感で結ばれたものでなければ決して大きな成果を収められません。「人間の能力は大差ないものだ」という前提に立つと、個人として最大限の貢献をするためには、選択と集中すること、すなわちできるだけ多くを切り捨てる必要があります。組織の場合は、切り捨てた部分を誰かに補ってもらう、誰かの分を自分が補うという役割分担により、トータルとしての戦力を最大化できます。それぞれの得意な役割を集めるわけです。

それに加えて次第に責任の幅が広くなり、大局観、長期展望が不可欠になるに従って、様々な分野での尊敬できる人たちとの幅広いネットワークが大切になります。私の場合も、大学時代、留学時代、国鉄時代、そして分割民営化時代、ＪＲになってからと、様々な局面で幅広い世界で、自分にない能力を持つ人たちとのネットワークが広がって来ました。常日頃からの良友との交遊が、知らず知らずのうちに正しい方向感覚と直観力を身につけてくれます。

何か役に立てるために人と友達になるという、いわゆる「人脈」という言葉で表されるような人との付き合い方は、功利的であるがゆえに効用も限定的で長く続くことはなく、必ず離合集散します。逆に、お互いの利害関係がない中で、人間としての尊敬、共感といったもので結ばれた人間関係は持続的で非常に重要なものになるのです。

昔から「君子の交わりは淡きこと水のごとし」と言いますが、幅広い外の世界の人々との付き合いは「淡きこと水のごときもの」であるべきだと思います。一方、社内でのチームということになると、出処進退を共にする仲間になります。これは刎頸の交わりであり、僚友であります。このように二種類の人間のネットワークがあり、それらは共に大切です。それらを作り上げていくものは何かと言うと、「人の為に謀りて忠」であり、「朋友と交わるに信」ということになります。人のために何かする時には「忠」、つまりは真心を込めてやることが大事なのです。そして、「夫子の道は忠恕《ちゆうじよ》のみ」とも言いますが、「恕」は下の者に対する思いやり。「対等の者には信頼感を持って、上の者には真心を持って、下の者には思いやりを持って付き合うこと」は、古今の真実だと思います。これがリーダーの素養みたいなものなのです。一生をかけて信頼、真心あるいは思いやりを実践することによって、僚友や良友のネットワークが作られます。それが最終的には「成虫」になった人間の力を決定すると思います。

本来自分がやらなければならないことを任せ切ることができるという意味で、私が僚友に支えられている以上に最も依存しているのは妻だと思います。今まで道なき道を歩き続けてきた職場生活を通して、家族を顧みることは少なかった。それでもやって来られたのは、顧みなくても全てをちゃんとやってくれる妻がいたからです。分割民営化に職を懸けていた時にも、私はできるだけそれを家族に見せないようにしていましたが、恐らく妻は大方のことを察知して心配していたと思います。しかし、全くそれを私に見せることはありませんでした。本人の心身の健康について心配させられたことは皆無。子供たちを健全に育てて、両親を介護し、親族・近隣者との関係を良好に保つ。一家の主として本来は私がやるべき雑事まで任せ切ることができました。だから私は自分の仕事上の課題に専心し続けることができました。もしこのうちの何か一つについてでも気に掛けなければならなかったならば、私はこれまで発揮した仕事能力の百分の一も発揮できなかったに違いありません。僚友、良友、そして何よりも増して良妻の存在が私の力の源泉でした。

第六章　日本版パブリックスクール「海陽学園」

教育への取り組み

私自身の人生を振り返ってみて、国鉄改革に一定の役割を果たせたのは一体なぜだったのかと思うと、一つ目は子供の時代から続く自由な読書、空想の習慣というものが育んだ、言ってみれば想像性と創造性だと思います。

二つ目は、私は国鉄の中における「超特急組」と言われたエリート教育、人間学教育を典型的に受けた一人であって、それなしには自分が分割民営化の中で、またJR東海の建設にあたって果たしたような役割は達成できなかったと思います。国鉄もJR東海も人間学の修養の場であり、また人間力が試される場であり、そしてその中で達成感とか成功体験を僚友たちと共有し、その蓄積の上に、次第に強いリーダーシップが形作られていく場でもあったと思います。

三つ目は、温かい家族に囲まれ、多くの良い友人との交遊を育むことのできる環境で育ち、生活してきたことです。人間の良い面、すなわち人を信じ、人の信頼に応え、人のために誠心誠意何かをする、あるいは人に優しく温かく接するとか、そうしたことが自ずから身につく環境で育ったということだと思います。これらが交わり合って、国鉄改革で一定の役割を果たせた理由であると思います。それは人間の成長環境と教育に関心を持つ原体験でした。

また国鉄からJRに移行した際に、九年振りに新規採用が行われて、「この新規採用者に対しての教育を一体どうしたらいいんだろうか」と考えたことも教育に興味を持ったきっかけの一つです。

小渕内閣の時に教育改革国民会議ができ、それに呼応する形で発足した日本経済調査協議会の諸井委員会に出て教育論を一年半ほど議論したことがあります。そこで教育というものは、百人いれば百様の教育論があるということが分かりました。なぜならば、教育は全員が関係者です。自分自身が教育を受けた受験者であり、親として子供の教育に関わっており、会社の上司として大学・学校を出てきた人たちを使うという意味では、教育の外部効果の受益者でもある。そのため、誰でも様々な角度から、様々な自身の経験に基づいた教育論を持っているのです。要するに、教育はいくら議論していても、答えが出てこないということがはっきりしました。

結局は、「自分でできることをやるしかない」と思い、自ら理想とする教育を施すには小さな学校を作って、その学校で自分が正しいと思う教育を子供たちに与えてあげること、それが教育に対する唯一の適切なアプローチの仕方だと思うに至りました。

総論から入って各論をただそうとすれば、総論は拡散して、各論に結びつくことさえない。それに加えて教育を利権とし、その自己保存と膨張拡大のみを事とする文科省、教育学部、教育委員会、教員労組などが一大抵抗勢力をなしている。安倍内閣の教育再生会議は、私も参画しましたが、その構造にメスを入れようと志したものの、最終的には抵抗勢力のいろいろな妨害にあい、志半ばにして終わってしまったように思えます。

初等・中等教育が大切

自分自身を振り返ってみると、教育の中で一番大切なのは小中学校、すなわち初等・中等教育であると考えます。今、日本の教育の最大の問題は、初中等教育が駄目になったということです。初中等教育を担当しているのは圧倒的に文科省であり、公教育です。その公教育が劣化してしまった。私の小学生時代は、二部授業の中で、「読み・書き・そろばん」のみを先生が必死になって教えて、時間が少ない中で無駄を省いて、宿題を出して、戦前並みの教育を施そうとしていました。ところが、今は時間がたっぷりあるにもかかわらず、必要のない科目をたくさん取り入れることによって、子供たちの基礎の教育を弱体化させている状況にあります。そうすると、基礎学力の不足を補うために塾通いが必要になります。そのため、自分の時間が減り、自由な読書の時間がほとんどなくなり、ましてや自由な読書に触発された空想の時間・習慣というものもなくなってしまいます。

さらに家族と一緒に団欒する時間もなくなります。親は共働きであり、祖父母は別の場所に住んでおり、兄弟姉妹のいない一人っ子が多い。そうした子供は学校に行って、塾に行って、弁当を済ませて帰宅することになる。その結果、家族との団欒の時間、また友達との付き合いの時間という人間体験の欠落した子供ができてしまいます。こういう子供たちの中で素直で素質の良い者が、有名大学に進学し、卒業して、リーダーの候補として社会人になるのです。

ところが、どこか欠けているところがあるということがしばしば起こります。それは、自律的に、自発的に、自由に物事を考えるという能力、すなわち空想する能力の発育不全ではないかと思います。友達と喧嘩をしたり、遊んだりという様々な体験が欠けている。自然の中で様々な発見をし、心をときめかせる体験、美しさ、厳しさ、険しさに身を置いて、原始的な生活を営む体験、それらが欠けている。それが欠陥となって社会的な適応も中々うまくいかない場合も出てきています。

しかも、日々の生活の中のコマ切れの時間はテレビやテレビゲーム、休日でまとまった時間がある時も「どこかのテーマパークに遊びに行く」という育ち方をすれば、自分自身の空想ではなくて、誰かが作り上げたレディーメードの空想で手軽に満足してしまい、想像力や創造力が育つ余地はないということになります。これが、今の子供たちの最大の問題と言え、その原点は小中学校でやらなければならないことが、現実的にはなされていないことにあるのです。従って、我々企業人が教育に貢献できるとすれば、たとえ小規模ではあっても、自分たちができる範囲で学校を作り、自分が正しいと思う教育を実施するしかない。それは学校であり、塾であり、家庭であり、社会であり、遊び場でもあるという、現在の公教育、家庭環境に欠落している全てを兼ねた初中等学校、全寮制の中高一貫校を作ることがベストであると考えるに至りました。もしそれが支持を受ければ、一粒の種となって、他に波及的効果を及ぼす。それが最も現実的な方法であると考えたのです。

全寮制の中高一貫校

教育問題に関しては私だけでなく、多くの人々が同じような問題意識を共有していることは常日頃より実感していました。「志を共有する少数の仲間で、我々が教育の改善のために何ができるか考えてみよう」ということで、トヨタ自動車の豊田章一郎さんと中部電力の太田宏次さんと私の三人で教育問題の勉強会を始めました。後に太田さんは川口文夫さん（現・中部電力会長）に引き継ぎ、張富士夫さん（現・トヨタ自動車会長）が加わり、四人になりました。

なぜ中高一貫か。小学生時代をどう過ごさせるかが最も大切であり、「学校は小学校から始めるべきではないか」という考えもありました。確かにその通りですが、この年頃だと全寮制は馴染まないように思います。英国にはプレップ・スクールという全寮制小学校の伝統がありますが、日本では困難です。結局、中学生・高校生を対象にした全寮制の中高一貫校というコンセプトとなりました。また、地元の学校との友好的共存を考えても、全寮制にすれば、全国から募集できるので、子供の数が減少していく中で、すでにある私立の学校と競合しないだろうとも考えました。全寮制にすることにより、先ほど申した通り、学校であるだけではなく、塾であり、家庭であり、社会であり、遊び場である。その全てを兼ね備えた総合的な存在になるということで、三人の考えが一致しました。

こういうコンセプトを耳にすると「エリートスクールを作るつもりか」という反応がまず返ってきます。私たちはエリートスクールを作る気は全くありません。そもそも階級社会ではない日本において、エリートを育てることを目的とした学校を作る必要はないと思います。むしろ、しなやかで、強靭で、空想力に富み、社会性と人間関係の原体験を豊かに持った子供たちを育てれば、必要に応じてその中からエリートが現れる、そう考えたのです。

別にリーダーにならなくても、学者だろうと、芸術家だろうと、共通の人間観、自然観、基礎的な知識、そしてそれに基づいた空想力があれば良いと思います。前にも触れたように、指導者、リーダーシップは教育で作ることはできません。時代の要請に応えてリーダーとして育つための潜在的素養を与えるのが教育なのです。しかし、全ての基本に据えるべき精神の持ちようとして、「無私の心」、「奉仕の精神」は、教えなければいけないと思います。そして何よりも大切なのは、日本の風土の中で、日本文化の流れを汲んで生まれ育った日本人であるという自覚は、しっかりと持たせなければならないということです。こうして三社が中心となり、賛同企業を募り、資金を集め、着手をしたのが、平成十四年のことです。

イートン校を見学

全寮制というのは、日本においてはほとんど前例がなく、特に中高の全寮制というのはかつての陸軍幼年学校くらいで、その伝統も全く引き継がれていないため、そのような制度のある海外の学校に見学や相談に行きました。まず、イギリスのパブリックスクールのイートン校に行きました。イートン校の日本代表を務める高月壮平さんという方の紹介でした。よく「海陽学園は日本版イートン校である」などと言われます。我々はイートン校にいろいろ教えていただきましたが、イートン校をモデルにしているわけではありません。なぜならば、イートン校はすでに約六百年の伝統があり、その中で作られたとても真似できない仕組みが数多くあります。よって、イートン校から様々なことを教えてもらいはしたものの、そっくりそのまま真似はできないので、自分たちでいろいろ考えました。

イートン校の校長はトニー・リトル先生です。私は学校創立の準備を進めている頃、英国大使館発行の広報紙面上でイートン校を紹介するためのインタビューという形でお話を伺う機会があり、非常に感銘を受けました。彼は二つのことを話してくれました。

まず一つ目が「3E」。教育に最も大切な素質は「3E」だということです。3Eとは、Energy（エネルギー）、Endurance（忍耐）、Enthusiasm（熱意）です。情熱を持って何かに取り組むこと、途中であきらめずに忍耐強くやること、そしてエネルギーを集中して取り組むことです。そしてこの「3E」のある先生が生徒に「3E」をインスパイアーする。生徒がそれを受け継いで、何事にも当たる。それが大事であると。

そして二つ目として、教える科目は何といっても「3R」だという点が、私と一致していました。最初にお話しした、Reading（読み）、Writing（書き）、Arithmetic（そろばん）です。このように非常に共感できるお話を伺いました。

イートン校は他のパブリックスクールと同様に「independent school」と言われています。これは政府からの援助を貰わない代わりに、干渉も受けないということのようです。そのため、教える科目については、校長先生の自由裁量をもって決めることができ、誰を先生とするかも校長自らケンブリッジ大学やオックスフォード大学などに赴き、これはと思う人物と直接交渉して採用できます。日本の教員免許制度とは大きく異なります。そのような中で「3E」と「3R」を目指して取り組んでいることは、まさしく我々のお手本になると思いました。

寮については、イートン校は「ハウス」というものを基本とし、そこには「ハウスマスター」という先生が家族とともに住み、寮生の面倒を見ています。ハウスマスターというのは大体五十人程度の子供を預かり、父親代わりのような存在となります。そのハウスマスターは先生の中で最も尊敬を集めている人を任命します。

イートン校は全生徒個室制です。すでに約六百年の伝統があるため、校内管理の様々なシステムが歴史の中で確立しています。上級生が下級生の世話をきちんと行い、ハウスマスターが生徒に様々な役割を与えるというノウハウは蓄積されており、生徒たちは自律的に五十人が一人のハウスマスターのもとで、生活をし、よくまとまっています。そして卒業生が集まる時には、イートン校の出身ということよりは、それぞれのハウスの出身ということで集まるのです。いわばハウスが自らの母校であり、故郷であるというわけです。これも伝統のない場合は難しく、日本においては、やはり母校ということになるのかなと思います。私はイートン校で講演をしましたが、その際も聴講していた生徒たちは「3E」でした。熱心に話を聞きますし、答えきれない程の質問が出まして、海陽学園も是非このようになってほしいと思いました。

男子校の伝統を守る

もう一つイギリスでウェリントン校にも行きました。この学校は当時、長年の友人である投資銀行のデビット・スコーリー卿が理事長をしており、ウェリントン将軍の名前にちなんで名前をつけた百五十年の歴史を持つ学校でした。パブリックスクールでは若い部類に入ります。イートン校よりも歴史が浅く、比較的我々が取り入れやすいスタイルのシステムを持った学校でした。この学校も「independent school」であり、生徒への躾についてはイートン校と同じように厳しい。女子も通学生に限り入学を認めているということでした。イートン校では女子生徒はいないのですが、リトル校長は「『男女共学が良い』という話をよくされるが、この年頃の男子は男子だけで育てた方が女子に対する尊敬心が強まると思う。イートンは男子校の伝統を守る」ということでした。我々も男子校を想定していたため、私としては我が意を得たりという感じでした。

三社が中心になって中高一貫の男子校全寮制の学校を作るという話が公になると、名古屋地区のその種の団体から二度にわたって抗議の手紙がきました。男女共学にせよと言うのです。しかし、我々は自分が親であったとして、全寮制の学校に男女がともに生活をするということになれば、絶対にその学校には通わせない。そう考えると、まず男子校で全寮制を成功させ、確実に軌道に乗ったうえで女子寮の設置も検討するということにしました。結局、長い歴史と伝統はコピーできない、自分たち独特の仕組みを考えなくてはならないと思ったわけです。

企業支援のアドバンテージ

その時に私が考えたのは、全寮制学校のカギを握るのは「ハウスの管理」であるということです。日本で全寮制の試みは過去にも幾つかありましたが、うまく行かない。それは寮における生活管理が十分にできないという原因によるものでした。そこで考えたのが、我々が作ろうとしている学校は企業が支援している学校であり、このような学校はイギリスにもアメリカにも、ヨーロッパのどこにもない。企業が支援している学校であることのアドバンテージを最大限に活かすべきである。「ハウスマスター」には熟練した先生を充てる。海陽の寮では六十名が三フロアに二十名ずつ、それぞれ個室で生活する仕組みとなっています。

またイートン校と違って、我々は上級生の中で特に優れた者がハウスマスターをサポートすると同時に後輩の指導に当たるという伝統がないため、一人のハウスマスターで六十人の面倒を見ることはできない。そこで各フロア二十名にひとり「フロアマスター」を付け、ハウスマスター一人にフロアマスター三人の四人で、六十人の寮生を指導することを考えました。フロアマスターは、それぞれのフロアに居室を持ち、そのフロアで生活している二十名の生徒と起居を共にする。ただし、それは各企業から派遣された独身の男子社員ということで、生徒のお兄さんとして、一緒に一年間生活をする。一年経てばまた別の人に引き継ぐ。その引き継ぎの期間が一ヶ月間必要ということで、十三ヶ月の勤務を標準にしています。このようにして各企業から一人または二人ずつ出してもらうと、たくさんの企業が支援してくれているため、生徒は多様な個性と能力を持ったフロアマスターに指導を受けられることになります。以上のように、フロアマスターに生徒の面倒を見てもらうことを提案しましたが、ヒントとなったのは当社のインストラクター制度でした。

ＪＲ東海では、国鉄時代に全面停止となった高校卒採用を九年のブランクを経て平成三年から再開するに当たり、新入社員の入社時の集合教育を白紙から見直しました。新入社員は入社直後から約二ヶ月間、研修センターに宿泊して集合教育を受けます。会社概論や専門科目のほかに、挨拶、整列、団体行動訓練、服装の整正など、社会人としての心得を習得させるのです。その際、三年ほど前に入社した大学・大学院卒社員の中で管理者適性のある者をインストラクターに任命し、一人で約二十人の新入社員と寝食を共にし、密接な指導に当たらせることにしました。なかんずく、高校を卒業して全く異なった環境から飛び込んできた新入社員は、迷ったり、悩んだり、同僚と馴染むことができなかったりするのですが、インストラクターは、自分の受け持ちのクラスの新入社員一人一人と日々意見を交換したり、話し合ったりして、彼らの順応を援けます。

ＪＲ東海の退職率は年間一％程度であり、社員定着率は比類ない高さを誇り、不祥事も少ないです。立派な社員になれる素養を与えられて現場に配属となりますが、彼ら、彼女たちへのインストラクターの影響は非常に高いと考えています。また、インストラクターとなり、新人教育の苦労を体験した若者たち自身が、それにより大きく成長するのです。

この制度を参考にして、フロアマスターの導入を提案したのです。

多くの優良な歴史のある企業は独自の教育制度を持っています。各企業ともすぐ趣旨を理解して社員を送り込んでくれることになりました。これは学校にとっても、生徒にとっても、そのフロアマスター本人にとっても、大きなメリットのある制度です。子供の生活管理には家庭にいる以上に目が届く体制となっています。

では、会社にとってはどのようなメリットがあるのでしょうか。当社の例を挙げると、インストラクターを経験した社員は人間として大きく成長することができるだけでなく、将来の指揮官、管理者としての最良の訓練を受けることになるのです。従って、インストラクターに指名されることを社員は大変誇りに思っています。

海陽学園のフロアマスターの場合も同様だと思います。二十人の中学生・高校生たちの生活に細心の目配りをし、落ちこぼれ、風紀や規律の乱れもなく、自分を慕ってくれるような一年間を過ごせたら、会社に戻った際に、大人を管理することは遥かに容易に感じられるでしょう。管理者教育の一環として有用だと思います。

また、他の会社から来ているフロアマスターは、同じ年代であり、その年代の社員が各学年に原則六名ずつ、六学年で三十数名おり、チームとして仕事をすることになります。個人にとっても、チームとしての仕事を通じた人間のネットワークはその後の人生において大切な財産になるものと思われます。つまり、このフロアマスターという仕組みは生徒にとっても、会社にとっても、個人にとっても良い仕組みになると思い提案しました。多くの会社が理解を示していただき、寮管理は完全にうまくいっていると思います。

フロアマスターは、平日は毎日六時半に生徒の起床、整列を確認し、健康状態を点検して、その上で一緒に朝食を食べて、授業に送り出すということになります。また、彼らは自分が住み込んでいるフロアの二十名の生徒に毎晩書かせている日誌を一人ずつ全部読んで、それぞれに返事を書くという作業をやります。これを毎日続けることにより、各生徒の様子を手に取るように把握できるようになり、問題の芽を事前に摘めるようになります。変わったことがあれば自分の部屋に呼び、相対で様々な話を聞き、状況を察知し、ハウスマスターと連携して、親にフィードバックを行います。

つまり、親と学校の信頼関係を築いているのは、ハウスマスターであり、フロアマスターということになります。この制度は、一流企業が支援して作った海陽学園だからできる特色であり、大成功した例であると思います。これはイートン校からもウェリントン校からも学んだわけではなく、海陽学園が独自に作り出した優れた仕組みであると言えます。

インターネットは制限、携帯は禁止

白紙から作りあげるわけですから、様々な課題がありました。まず、週末は帰宅を認めるか否かですが、基本的には認めないことになりました。五月の連休、夏休み、冬休み、春休みの長期休暇に家に帰ることになります。もちろん法事などがあれば親に迎えに来ていただき帰宅することはできますし、高校生になれば独自に行動して良いということになっています。

これに対して、「過剰に管理し過ぎではないか」という意見の教育専門家もいますが、

行動を自由にすれば、イマジネイティブで、クリエイティブで、インディペンデントで、ダイナミックな思考が育つということはありません。肉体的な自由は精神を眠らせるのです。座禅や無言の行が宗教でよく取り入れられるのは、身体的動きを封ずることにより心を解き放ち、浮遊させ瞑想を誘うからです。運動している間は精神は眠ってしまいます。体が拘束されていると、いろいろなことを考え、思想だけが自由化します。いざ勉強しようと机の前に構えると、今度は精神が硬直して、論理的にしか動かなくなります。自由に柔軟に思考を遊ばせるためには、一定の時間、体を動かせないという状況に置くことが効果的です。

そのようなことを考えると、寮の中に居るのでインターネットを制限し、携帯電話を使わせないからといって硬直的な人間ができるということはなく、かえって自由な読書をし、自由な空想を巡らし、想像力を養う余地が増えるのではないかと思います。

現在、学校は五年目を迎えます。校長先生は、伊豆山健夫先生という開成学園高等学校・中学校の校長をされた方に最初三年間務めていただき、四年目になってから、私の高校時代の同級生であり、東大の工学部長をされた中島尚正先生に務めていただいています。多才な同世代の学生と共に暮らし、良い校長先生と優れた先生方がいますので、今はまだ伝統はありませんが、これから良い伝統を作っていくことができるだろうと思っています。

何よりも一番大切なのは、リーダーシップやエリートを教育するという目的だけに特定しないで、人間として一番基礎的な知識だとか、人間関係の体験とか、自然との体験を通じて、自由な空想を育むことです。そうすることにより、人間関係において人の気持ちもよく分かるようになり、いかに信頼が大事か、誠実が大事かということを学ぶことで、家庭としての役割を果たすことにつながります。それは必要に応じてリーダーにも、研究者にも、芸術家にもなり得る素養に違いありません。

第七章　救国のリーダーよ、出でよ

米海軍司令官との会話

これまでは私が実際に経験したことをもとに、リーダーシップについての偶感を述べてきました。この章では、「日本の歴史の中で、いつ、誰が、真の意味でのリーダーだったか」「そして今、どんなリーダーが求められているか」について、小見を述べてみたいと思います。

今から十年くらい前だったと思いますが、名古屋を訪れた米国海軍の提督夫妻と会食懇談の機会を持つことがありました。話は様々な話題に及び和やかな会食でありましたが、その時に司令官は私にこんなことを聞きました。

「私は職業柄、アジア地域の様々な国の港を訪れる。当然街を歩くこともある。その時にいつも感じるのだが、街で見る人々はお互いに自己主張して譲り合うことはない。どこも喧噪で、いさかっているので、歩行している自分も神経を遣い、緊張することになる。ところが日本だけは人々が温和で、優しく、そして自己抑制が利いて、決してそのような思いを持つことはない。日本にいる時だけは、いつもくつろいで落ち着いた気持ちでいることができる。日本に帰ってくるたびにホッとする。この民族性は一体、どこから来るのだろうか」

咄嗟のことでしたが、私は少し考えて、こう答えました。

「それは多分、日本が島嶼国家、島国だということから来るのではないでしょうか。日本は周囲を強い海流に取り巻かれており、波荒い海は、いわば大陸から切り離され、孤立した列島として、有史以来、この国の安全を守ってきました。従って、日本は極めて例外的な時期を除けば、自国の安全が脅かされているという気持ちをもつことなく、今日に至っています。それが日本人のものの考え方に決定的な影響を与えているように思います。すなわち、安全は所与の条件であるということなのです。

およそ世界中どこの国でも男性の第一の役割は、国を守り、家族を守り、自分自身を守るために外敵に備え、かつ戦うこと。そしてもう一つは子孫を残すことでした。この二つが男性の使命ということになると思います。しかし、日本にはその男性の使命のうちで、敵と戦って自分の家族や民族を守ることは、歴史上極めて例外的な、幾度かの比較的短い期間を除いては必要なかった。となると日本の男性が対処しなければならない問題、治めなければならない争い事というのは全て内輪の争い、国内問題ということになります。内輪の争いをまとめていく方法は、お互いが譲り合って、そして少しずつ我慢すればそれで皆が幸せになる、そういう環境の中で日本は何千年かの歴史を過ごして来た。それが、あなたが感じられるような日本人の気質を生んでいるのだと思います。

それに加えて日本は穏やかな温帯性気候で四季がはっきりしている。自然は人間に対して、決して中国大陸やヨーロッパ大陸のように厳しくない。基本的には優しい自然環境の中で日本人は海、山の恵みを豊富に受けて農耕を営み、漁業を営んで生計を立ててきた。中国のように強大な権力をほしいままにする王権もなく、皆が少しずつ譲り合い、慎ましく暮らしていくことができる国として年を重ねてきたのです。それが日本人の姿であったわけで、今もそうであると考えたら良いのではないか」

日本人の楽天性、親和性

江戸末期から明治初期に、日本に初めて訪れ滞在したヨーロッパ人たちが、日本に対してどのように感じたかを記した『逝きし世の面影』という本があります。その中で、日本人は彼らにとって「陽気」で「幸福そう」で「友好的」で「健康」な人々というイメージで語られています。また一八五八年に英国外交官の秘書として日本を訪れたオリファントは「今まで会ったなかで最も好感の持てる国民であり、日本は貧しさや物乞いのない唯一の国です。私はどんな地位であろうとも中国へ行くのはごめんですが、日本なら喜んで出かけます」と述べたとあります。米国海軍の提督が私に語った日本のイメージは、百五十年前に欧米人が感じた印象と底流において共通している。この楽天性、親和性はなぜなのでしょうか。

これまでの長い歴史の中で、日本にとって海外から入って来たのは、ごく例外を除けば、常に「何か良いことをもたらしてくれるもの」だったと思います。従って、外来のものに対する本質的な歓迎の気持ちが日本人にはあったのでしょう。

このように、日本民族は国土を海に守られてきたため警戒心が乏しく、楽天的で内向き志向であり続けることができたのですが、それでも例外的に、日本民族の存亡をかけた危機が何回かありました。そのような時には必ず救国の英雄が現れて、外国の脅威を退けてきたという歴史を持っています。そうした英雄を生み出す潜在力を、日本民族は親和性や楽天性、穏やかさのどこに潜めているのでしょうか。

私は次のように考えます。日本の国柄の一つの特色は、有史以前からできあがっていたであろう文化の一体性にあると思います。文化の一体性と言えば、その中心にあるのは言語です。

この日本語文化圏としての一体性に加えて、古代日本の行政的統一性の領域を示しているのが、『万葉集』です。『万葉集』が編まれたのは八世紀のことです。しかし『万葉集』に詠われている歌はそれより数世紀も前から人々の間で歌い習わされていた民族古謡のようなものも含まれており、それに加えて、奈良時代の歌人の詠んだ歌が収録されています。『万葉集』に編集されている和歌は、長歌、短歌、旋頭歌全てが五・七・五などという定型を持った定型詩です。大和時代には大陸からの仏教や漢字文化、律令制度などが入ってきて日本古来の文化が取って代わられる中で、古来の伝統を承継・保持するものとして『万葉集』が編まれたのです。

この定型詩は『万葉集』にとどまらず、その後、『古今和歌集』、『新古今和歌集』とつながって、今日まで脈々と引き継がれています。このような継続性を持ち、かつ陸奥から九州地方まで含めた当時の日本全国から集められて編集されたということは、日本中の人が同じ言葉を使い、同じ詩形の和歌を詠み、それを当時の日本政府が集めて一大和歌集を編集することができるような行政的統一性も存在したことを意味します。そして、その詩形は二十一世紀の今日においてもなお引き継がれています。

まさにこの文化的一体性、継続性こそは、世界の奇跡であると考えてよいでしょう。地球上の他のどの世界にも、このような例はない。これは海が護ったのだと思います。

万世一系という奇跡

文化的一体性と継続性のまさに象徴と言えるのが日本の皇室の存在だと思います。それは世界の奇跡と言えるでしょう。多くの大陸の王朝は征服王朝であり、前王朝を滅ぼし、殺戮し、破壊し尽くしたところで新しく生まれて来ました。そして、それがまた滅ぼされて、次の王朝に取って代わられるという栄枯盛衰を繰り返してきました。十八史略などの中国の史書を読めばその経緯はつまびらかです。それが世界の常識なのです。

しかし、日本の場合には、およそ歴史が始まって以来、天皇家の君臨は一度も途絶えることなく今日にまで至っている。これは日本にしかありません、まさに世界の文化的な奇跡であると考えてよいのではないでしょうか。皇室が南北朝に分かれたとか、継体天皇の時に血脈を遡らなければならなかったことを捉えて、その万世一系の一体性と継続性について揚げ足を取る人もいます。しかしむしろ、このような形、すなわち天皇制が一度も途切れないで続いてきたという事実そのものが、日本が一度も征服王朝、外来からの侵攻者に征服されたり支配下に入ったことがないという事実、ならびに国内においてもなお、フランス革命のような根底的な破壊と交替がなく今日に至った奇跡的継続性を示しています。

このような万世一系の皇室が続いた理由として、日本の国が政治的な権威と権力を分割したことが挙げられています。天皇は政治的権威の象徴として祖先を祀り、神を祀るという「まつりごと」に専念し、実際の権力は臣下が摂政として行使する。このような祭政分離が奈良時代にすでにでき上がっていました。それゆえ、政治的権力の変遷があっても、権威の持続性は担保されてきました。それが実現できたのも、やはり日本の国が安全であったこと、文化的に一体的でありそれが持続されてきたことの反映であると思います。安全が確保されている時には、人間は内向きの問題に専心することができます。

「十七条憲法」は内向きの規範書

その内向きの日本人の姿を如実に示しているのが、「十七条憲法」ではないかと思います。これは聖徳太子が制定されたのですが、その内容は、有名な一条「和を以て貴しと為し、忤《さから》うることなきを宗とせよ」から始まり、五条「官吏は饗応を受けず、物欲を棄てて公明厳正に訴えを裁くべし」、六条「勧善懲悪に徹せよ。上に向って下の過ちを説く者は下に向っては上の失敗を誹謗する者である。これこそ大乱の原因となる」とか、七条「聖王は適材適所を心掛けるが、人の為に官職を設けたりはしない」、十条「他人が自分と違う考えを持っても怒ってはならない。自分は必ずしも聖人である訳ではなく、彼は必ずしも愚者と決まっている訳ではない。両方とも凡夫なのだということを心得て、他人と意見が異なる時は自分が間違っているのではないかと恐れ、多くの人に従って同じようにすべし」など、国内の官吏同士、治めるもの同士が互いに仲良くし、下の者に対して慈しみと思いやりを持って公平に行政を行うようにという、内向きの支配者の倫理のようなものが書かれています。まさに一条一条が共感を呼び同意できることばかりですが、その本質は内向きの規範書であって、協力の倫理と、その無私の心、清廉性、そして為政者の自己抑制なのです。ここには外敵に備え、外との戦いに備えるということについては一言も触れられていません。

また外敵と戦う、外からの脅威に備える必要がない場合、男性はどうなるのでしょうか。女性礼賛、恋愛至上主義に落ち着くことになります。『万葉集』の和歌について先ほど触れましたが、その中には、まさに男女間の相聞《そうもん》の歌が多くの部分を占めています。例えば第二巻にある大津皇子の歌「あしひきの　山のしづくに　妹待つと　我れ立ち濡れぬ　山のしづくに」、それに応えた石川郎女の返歌「我を待つと　君が濡れけむ　あしひきの

山のしづくに　ならましものを」、このやりとりは典型的な万葉の時代の相聞であり、男女間の平等さ、そして女性礼賛、恋愛至上主義を示しているように思います。

文学的に言うと、万葉の時代の日本民族独特の明るさ、穏やかさ、恋愛礼賛という考え方は、例えば『源氏物語』にもそのまま受け継がれているように思います。『源氏物語』は十一世紀に書かれたものですが、世界の文化史上の一つの奇跡だと言われております。絢爛、多様な男女の出会いと葛藤、そして別れの話を綿々と書き綴ったもので、内容的には終始一貫して女性心理の綾を赤裸々に描いているだけで、何ら崇高な精神を表しているとは思えません。しかし、十一世紀という時代に、女性が男女のことについて、これほど赤裸々に書き綴ることができたという、その事実にこそ日本文化の奇跡があると外国人からは見えるのだと思います。

中国大陸、ヨーロッパ大陸、あるいは中近東の国々においては、常に外敵の侵攻、それによる治乱興亡があり、とても女性がこのような小説を書き綴ることができる環境はあり得なかったでしょう。女性は常に男性によって守られていなくてはならない存在であり、女性が堂々と恋を語ることはタブーとされていたでしょうから、まさにタブーが堂々と語られていることにこそ、ヨーロッパ人の驚きがあるのではないかと思うのです。

敗者への優しさ

この恋愛礼賛という日本の伝統は徒然草にも「全てに勝れていても色好みでない男は宝石で出来た杯の底が無いようなものだ」と書かれていますし、日本人以外にも安土・桃山時代に日本に来て、日本を見聞した宣教師ルイス・フロイスの記録である『ヨーロッパ文化と日本文化』という小冊子にも如実に表れております。「女性はヨーロッパとは比べものにならないほど自由を与えられており」、「女性の財産は結婚した後も女性のものであり続け、夫に女性の持参金を用立てる時には高利を取ることがしばしばだ」、「妻は夫の許しなしに自由に外出ができ」、「女性は夫の前を歩き、夫は女性の後を歩く」、また、「日本では女性の方から夫を離縁することも珍しくないし、何回離婚しても女性にとり不名誉とはならない」など、当時の現状が子細に語られております。これまた、日本文化の男女平等、恋愛至上主義の伝統が戦国の世である安土・桃山時代においてなお、受け継がれていたことを物語っているのではないかと思います。

また、日本の文化の特色として、敗者への優しさが挙げられると思います。これはまさに、異民族の侵攻がなく、同じ日本人同士、同じ言葉を話し、同じ和歌を教養とし、同じ島の中に暮らしている同質性を持った社会であったがゆえに生まれたことかもしれません。『平家物語』でも、謡曲の台本などでも、負けた者、滅びた者に対する優しさ、愛おしみというものが日本の文化の特色をなすものだと思います。あるいは、仏教による死生観、諸行無常、来世の約束とつながりがあるのかもしれません。しかし、歴史を振り返ると、このように世界にも稀な内向きの姿勢を持ち、平和を享受してきた日本が、いざ民族存亡の危機に瀕すると、そのたびに国を背にして立ち、外からの敵に立ち向かう強いリーダーを生んで来ました。そして危機を切り抜けてきました。

日本人の気質の全ての根源に「海」がある。海は海外の侵攻から日本人を守り、『万葉集』に見られるような世界でも稀な文化的な一体性と継続性を育んで来ました。また、外敵を恐れる必要のない島国での権力は自ずから内向きになり、内を治める倫理としての無私の心、清廉性、および自己抑制が身につくことになりました。これらは平和な時代には女性礼賛、恋愛至上主義、敗者への優しさなどの形になりますが、一旦有事に臨み外圧が加わると、世界史の通常のケースは、脅威に対してすり寄る者、抵抗する者、近隣の何れによしみを通じるかで意見を異にする者など様々に分裂し、結局は内部の乱れに乗じられて滅亡するケースがほとんどです。ところが、平時には内向きで、平和ボケに見える日本が、外圧に向かう時には内部分裂をせず、却って求心力を高め、団結して事に当たる。その根源は文化的一体性と継続性であり、為政者の自己抑制と無私の心にある。それが危機の際に英雄として現れた人々の土壌をなしているのではないでしょうか。

有史以来最初の危機

私の知る限りの歴史の中で日本が存亡の危機に立った最初の経験は、百済が唐・新羅に敗れ滅亡した時期、七世紀の半ばです。日本では蘇我氏が専横を極め、天皇による日本の統治を脅かすほどになっていました。そして国際関係も不安定な状況にありましたが、この時に現れたのが中大兄皇子であり、中臣鎌足でした。この二人の強いリーダーの意思と策謀が、蘇我氏を倒し、大化の改新を成し遂げたのです。この後、日本は百済を救援するために白村江で新羅と戦い、唐・新羅の連合軍に敗北することになりますが、大化の改新により中央集権的国家体制ができていたことによってその危機を乗り越えて民族の独立を守ることができました。

日本にとってみると、大陸から朝鮮半島を経て伝えられる文物は日本の近代化のために極めて重要な役割を果たすものでしたが、さらに安全保障の面から見ても朝鮮半島は重要であり、日本は百済支援の前線基地、任那を通じて、百済をバックアップして、ここを日本の安全保障のバッファーゾーンと考えてきました。ところがまず任那は滅亡し、その後、百済が滅びました。大陸覇権に対するバッファーゾーンが失われたこの時期が、有史以来最初の危機であり、まさにこの時期、蘇我氏を倒して日本国の統一を成し遂げ、中央集権国家に脱皮することによって国を守ったのだと思います。

北条時宗の勇気と決意

二番目に日本が安全の危機に脅かされたのは元の侵寇です。当時元は五代目の皇帝クビライの時代で世界中に征服の手を伸ばしており、日本にも帰順を求めてきました。しかし、執権の北条時宗はこれを断固として拒みました。一旦帰順した国がどのような惨状を呈するか、弱冠二十三歳の時宗は高麗や南宋を逃れて日本に帰化した人々から聞いていたに違いありません。高麗はすでに元に帰順し、その圧政下にありました。

皇帝クビライは高麗に船を造らせ、兵を拠出させ、一二七四（文永十一）年に北九州に侵寇しました。鎌倉武士たちはよくこれを防ぎ、元軍を撃退しました。

二度目は一二八一（弘安四）年でした。その間の七年間に元は数度にわたって使者を送り、恫喝により帰順を迫りましたが、時宗は鎌倉の竜の口（江ノ島付近）でこれを処刑し、脅しを退け、日本の独立を守る確固たる決意を示して、武士たちを鼓舞するとともに、北九州の防備を整えたのです。

弘安の役の時には、すでに南宋が滅ぼされ元の支配下にあったので、高麗兵と南宋兵を元の指揮官が統率する形で侵寇しました。定住するための農耕器具や種子まで持ち、相当な覚悟で来た元軍でしたが、この間の時宗の防衛力強化策に阻まれ、海上にとどまらざるを得ず、その間に台風が船団を襲い、そのほとんどが海の藻屑と消え去りました。

この元寇が二度目の日本の存亡の危機だったわけです。この時、台風が来なくても侵攻軍は兵站《へいたん》の困難さからみて、日本を征服することは恐らく不可能だったと考えられます。しかし、上陸を許していれば、災禍は遥かに大きかったでしょう。歴史的に見ると大きな厄災を被ることなく日本を守ることができたのは、時宗の確固不動の決意と鎌倉武士たちの敢闘を海が扶《たす》けたことによるものでした。

織田信長という天才

三番目に日本が独立の危機を迎えたのは、戦国時代から安土・桃山時代だったと思います。大航海時代のさなかで、ポルトガル、スペインの艦隊が世界中を荒らしまわっていました。一五四三年に鉄砲が種子島に伝来したのはその時代の一つのシンボリックな事件ですが、この時に日本を救ったのは織田信長という天才だったと思います。

信長の天才性は三つの戦いに表れています。第一は言うまでもなく、「桶狭間の合戦」です。彼は三千人の小兵力で四万人の今川義元の軍勢と戦いましたが、これに勝つために唯一可能性のある戦術は「主動」することであり、戦力を「集中」することだったと思います。彼は敵側の情報網が自分の周辺に浸透していることを知っていたので、籠城戦か打って出るか、自分の意図を最後まで明らかにせず、深夜を待って突然進撃を告げ、自分に従って来られる小兵力のみを率いて、桶狭間にいる今川軍の横腹を突いて今川義元を倒したわけです。それは実に巧妙な計算であったと思います。自分の領土に入るのを待つことにより、地理的に知悉《ちしつ》している場所で戦えたこと、今川義元の存在位置を的確に把握し得たこと、敵側に自分の意図が伝わらないように細心の注意をしたこと、縦列で進撃してくる敵の横腹を突くことにより敵四万の兵力のごく一部分を撃破すれば少数の兵力によってでも今川義元の首が取れたこと、これらの条件が充足され、勝つ可能性があるのは唯一この戦法しかなかった。それを的確に実行したのは天才としか言いようがないと思います。

二番目にその天才性が発揮されたのは、信長が朝倉義景を攻めた時です。これは桶狭間と同質の天才性が、全く反対の形で表れた例です。自分の妹婿である浅井長政が、父親の時代からの朝倉との縁を断ち切れずに織田の退路遮断に動いたのです。信長は完全に虚を突かれました。この時に信長が取った行動は、これもまた敵も味方もおよそ誰も予想できなかった程の「主動」、「速行」でした。彼は浅井の動きを聞くや、瞬時に決断し、わずか十騎あまりの自分の部下を率いて戦場を離脱し、間道を抜けて京都に向かってしまいました。これはあらゆる戦法の中で最も合理的な戦法だったと思います。

当時の戦いは大将の首を取ることが勝つことでしたから、信長が相手の意表をついて、相手が予想もしないタイミングで京都に帰ってしまったことによって、朝倉・浅井は戦う意味を失ったのです。信長がいないのに本気で戦って兵を損傷することは無意味なのです。信長は間髪を入れず逃げることによって、自分の軍勢の損傷を最小限に食い止め、将兵の命を救ったのです。信長自身にとっても一見すれば危険な賭けのように見えますが、実はその反対で、誰も予測しないタイミングで、ごく少数で迅速に離脱することが最もリスクの少ない選択肢でした。山崎の合戦で秀吉に敗れた明智光秀が、落ちて行く途中で野盗に襲われて非業の死を遂げたのと対照的です。歴史上類似のものを見れば、ナポレオンがエジプトで孤立した時に単身フランスに帰ってしまったことと近いですが、信長の場合はナポレオンより遥かに迅速果断な行動だったと思います。「主動」、「速行」は戦術の常道とは言いますが、誰もの予想を超えたこの時の信長の行動には、天才性が如実に表れていると思います。

三番目は「長篠の合戦」です。これは鉄砲で組織的に火線を構成して有効に戦うという画期的な戦術を実践した世界で初めての戦いでした。火縄銃は熟練した者で一分間に三発の弾を発射することができます。もし三段の火線を形成すれば、一分間に九発の弾を発射することができる。九発の弾が発射されれば、その火線は騎馬ならびに歩兵の突撃に対して十分これを抑止できることを実戦上で証明した戦いだったと思います。

大航海時代のさなかにあって、当時ポルトガル、スペインはキリスト教の布教を大義名分として世界中を征服し、略奪してまわっていました。日本にもイエズス会の神父たちが布教にやって来て、キリスト教を通じて日本を自分たちの支配下に置こうとしていました。信長はそれらの神父たちを身近に出入りさせ、世界の情勢を聞きとると共に、彼らの本心を見抜いていたのに相違ないと思います。天下布武による戦国乱世の統一は日本民族の防衛意識を代表していたのではないかと思います。そして、この信長の天才性の凄みは、彼の志が内向きにとどまらず海外に向けられたということなのです。信長は海外の文物に強い関心を持ち、貿易を盛んにし、国を背負って、海外に雄飛するという当時の時代精神を体現していたのだと思います。

家康は日本型リーダーの典型

その信長の志は秀吉に引き継がれます。秀吉は朝鮮征伐に兵を動かします。それは日本の軍事力、武威を十分に朝鮮半島ならびに明に示すという効果がありました。彼は自分の志を地図の上に残すことはできなかったのですが、日本の持っている軍事力の強さは朝鮮半島、中国にとどまらず、ポルトガル、スペインに対する抑止力になったに違いありません。歴史に「もし」は許されませんが、信長がもしあと十年あるいは十五年間日本を統治し続けていれば、恐らくアジアの地図は変わったものになっていたことでしょう。秀吉があと十年間生きていたら、それから約二百五十年間続く日本の文明の性格も変わっていたと思います。

結果的に家康が後を継ぎました。信長の外向きの天才性は家康にはありませんでした。家康は典型的な内向きのリーダー、日本型のリーダーでした。彼は徳川幕府を打ち建て、約二百五十年間にわたる鎖国体制を敷きました。これは家康が典型的な日本人であったことを示していると思います。

信長が進取を志し、秀吉はそれを引き継いだのに対し、家康は専守の道を取り、外国から侵略されることなく、約二百五十年間の平和を日本にもたらしました。しかし、その鎖国ができる下地を作ったのは信長と秀吉だったと思います。関ヶ原の戦いの時に日本の鉄砲の生産量は世界随一であったと言われています。そのような最新兵器の製造能力を備えて、それを対外的に示したからこそ、鎖国が可能であったと言えます。家康の極めて日本的な鎖国政策は、外を向いて立ち時代の危機を乗り切った信長と、その志を継いだ秀吉のリーダーシップによって初めて可能になったと言えるのではないかと思います。

徳川幕府時代は、平安時代、室町時代に続く一連の日本独特の鎖国文化、すなわち内向きの文化を花咲かせました。しかしその基礎を作ったのは、実は織田信長の天才性と海の防壁であったと思うのです。

西欧列強の帝国主義

日本史上、四度目の存亡の危機は幕末、明治維新の時期です。日本で鎖国が約二百五十年続いている間に、ヨーロッパでは、イギリス、フランス、オランダ、ロシア、プロイセン、イタリアなどの列強が国民国家として著しい発展を遂げ、軍事力を飛躍的に増強し、ポルトガル、スペインを凌いで、世界分割に乗り出しました。西欧列強の帝国主義時代です。インドのムガール帝国がイギリスによって滅ぼされ（一八五八年）、アヘン戦争（一八四〇―一八四二年）で清帝国がいともたやすくイギリスに負けたことで、アジア各地を西欧列強が次々と植民地化していった時期でした。

日本近海は中国への海上交通の要衝にあたるため、日本近海にも西欧帝国主義国の艦船が出没するようになりました。その中で、遅れて帝国主義化したアメリカは、特に中国への進出を目論んでいました。捕鯨がアメリカの主要産業で、中国に向かう途上にある日本を捕鯨船の水、食料、燃料の補給基地として使いたいという必要性から、日本に開国を求めるに至ったのです。ペリーの来航です。

それをきっかけとして日本は大騒動になりました。鎖国の安逸に慣れ切った江戸幕府は、茫然自失、ただ混乱するのみで、無為無策のうちに問題を先送りするほかありませんでした。日本を守ってくれていた海の防壁は、近代科学による航海術の進歩によって克服され、西欧列強は容易に兵力を移動させることができるようになっていました。約二百五十年の鎖国のうちに、かつての軍事的優位性は完全に失われ、自らを守る能力は失われていました。

それでは当時の日本国民はどのような状況だったのでしょうか。その頃、日本は鎖国をしていましたが、唯一長崎の出島に商館を認められていたオランダ人からの情報で、日本の為政者たちはそういう情勢を知っていました。また、武士、公家、神官、僧侶、富裕な商人などの支配階級や知識人たちの中には、蘭学を通じてすでに周辺地域の厳しい状況を知り、民族的危機感を持った者も少なからずいました。外国船の出没が激しくなるに従い、その圧力に対して現実的に対応した方がよいと考える開国海防論者と、鎖国をできる限り守り問題から逃避しようとする幕府と、尊王攘夷を実施して外国船を打ち払うべきだという議論に三分されて大いに争うようになり、幕末の混乱期を迎えました。

一八六三年に攘夷派の長州藩は下関を通る外国商船を砲撃しましたが、翌年にはそれに対して四国連合艦隊（イギリス、オランダ、フランス、アメリカ）が下関の砲台を攻撃、破壊し、陸戦隊を上陸させて長州藩を屈服させました。「下関事件」です。それと相前後して、英国人の商人が薩摩藩主の父（島津久光）の行列の前を横切ったために斬殺されたという生麦事件に端を発した「薩英戦争」が起こり、薩摩藩は降参こそしなかったものの、大損害を受けることになりました。西欧列強の強大な軍事力を体験した両藩が皮肉にも開国、軍備の近代化、そして倒幕に転じ、明治維新が始まるのです。

ごく少数の目覚めた武士たち

この頃、日本の民衆、武士の意識や実力はどの程度のものだったのでしょうか。下関事件の時、四国連合艦隊側の記録によると、多くの日本人たちは「極めて友好的」で「長州藩の大砲を取外して戦利品として持ち去る際、日本人たちはこの作業に協力した」、あるいは「『今日の仕事のあとで貴方がたはお疲れだろうから、私たちが大砲積込みを手伝いましょう』と申し出た」といいます（岡義武『明治政治史一』）。また、戦死者を埋葬するために上陸した時に、豊前藩士の一群に会った。「この武士たちは四国連合側の戦死者の数などを質問したが、長州藩側がすでにいかにひどい敗北をこうむったかをきいて、非常に満足の意を表した」とあります（同）。また長州藩の兵の中では武士により編成された正規軍が臆病だったのに比べ、一般庶民から募った奇兵隊の方が遥かに勇敢に戦ったといわれています。

このように、当時の日本人には近代的国民国家としての民族意識があったわけではありませんでした。また、各藩が長く分裂していた結果、武士たちも日本国民としての一体感があったわけではなく、その実力も平和ボケで軟弱化していたのです。それが当時の日本の状況であり、日本は押し寄せるウエスタンパワーの前で滅亡の危機にありました。このような状況の中で日本を救ったのは、ごく少数の目覚めた武士たちであり、彼らの情熱でした。薩摩藩では西郷隆盛、大久保利通、長州藩では木戸孝充、山縣有朋、伊藤博文、公家では三条実美《さねとみ》、岩倉具視といった人物です。これらの少数の人たち、薩摩藩では島津斉彬の、そして長州藩では吉田松陰の影響を受けた人たちが、近代的国民国家としての日本をいかにして守るかについて、決死のリーダーシップを発揮したのです。

明治維新は民族の独立を守ることを目指したのですが、それは国民意識、民族意識が一般の人々に定着していたという結果から導かれたものではありませんでした。福澤諭吉は一八七五（明治八）年に書いた『文明論之概略』の中でこのありさまを指して「日本には政府はあるが、国民はない」と言っていますが、まさにそのような状況であったかと思います。しかし、日本人には、例えば単一言語という文化的一体性、統一性があった。そこで新政府は、天皇親政によって近代的民族意識を呼び起こそうとしたのですが、それは簡単にはいきませんでした。

明治維新の経過を見ると、実に急テンポで事柄が進んでいることが分かります。まず一八六七（慶応三）年に王政復古、天皇親政を宣言し、一八六九（明治二）年に版籍奉還、すなわち藩をやめてそれを天皇にお返しし、改めて天皇から任命された形で藩主が治めるということになりました。そして一八七一（明治四）年に廃藩置県を行い、一八七三（明治六）年に徴兵令を定め、一八七六（明治九）年に廃刀令を出すといったような急速な変革を打って行きました。

百に一つの可能性に賭ける

よくこんなことが短期間にできたと思いますが、一般の国民は無関心だったのです。一部の目覚めた武士、それも下級武士が、命がけで革命的な改革を行ったと言って良いと思います。大久保利通は廃藩置県の詔勅を出すその直前の日記に、「今日のままにして瓦解せんよりは、寧《むし》ろ大英断に出て瓦解いたしたらんに如ず」（岡義武、同）と書いています。まさにこの民族独立への情熱が百に一つの可能性に賭けて、成功をもたらしたと言えます。

その翌々年の徴兵令は国民が均しく兵役に就くという制度ですが、山縣有朋の努力によって達成されました。奇兵隊の軍監としての経験を活かして、欧州の国民軍に習ったのでした。大政奉還、明治政府発足とともに、思い切った施策が取られたことは、いざという時には時代精神を顕現し、民族の将来を背負って外に向かって立つリーダーが出て来るという日本の伝統を示しているように思われます。

注目に値するのは、このように急速に近代化を進めるためには、有能な人材が多く必要であり、薩摩、長州、土佐、肥前という倒幕に力のあった藩だけではその需要を賄うことができず、そのために戊辰戦争で徹底抗戦した会津藩や、中立を保ち日和見をしていた藩の人たち、あるいは徳川幕府の人たちを次々と登用していったことです。

例えば、幕府であれば榎本武揚や陸奥宗光が海軍あるいは外交という分野で、経済の面では渋沢栄一が大きな役割を果たしました。軍事面では出身藩にかかわりなく有能な人物は積極的に活用されました。北清事変で大活躍し、西欧列強の間に日本の評価を高めた柴五郎中佐は、戊辰戦争で徹底抗戦した会津藩の出身にもかかわらず、陸軍の幼年学校、士官学校を出て、陸軍大将まで昇進しました。彼は「自分は会津藩出身ということをもって陸軍の中で差別を受けたことは一度もなかった」と記しています。そういう勝ち負け、敵味方の差にかかわりなく、目覚めた者たちを登用し、国を作っていったのです。

敗者に対する優しさとか、すでに『万葉集』が編まれた八世紀の時代から文化的な一体性、統合性があったという日本の特色が、大いにプラス面で活用され、明治維新の時期のリーダーが生まれたのではないかと思います。

「武士道」と「騎士道」

鎖国の続いた平和な時代の武士は行政官僚として機能したのですが、その精神は、最後の最後には命を賭して「無私」の精神で奉公し、忠義を尽くすという覚悟に基づいていました。この「無私」の精神は「武士道」として、例えば『葉隠』などにも書かれています。

アメリカに留学した新渡戸稲造博士が『武士道』を日本の指導者の基本精神として英語で出版し、それがアメリカの大統領の目に触れることになり、大きな共感を呼ぶことになりました。そして、ヨーロッパ各地の言葉に翻訳され、その後、日本において出版されたのです。

武士道の精神と、ヨーロッパ、あるいはその延長であるアメリカのリーダーたちの矜持である「騎士道」の精神とは、一脈以上の共通点があったのだと思います。『武士道』を読んだアメリカ人やヨーロッパ人は、日本の支配階級は、自分たちと同じような規律と倫理観を持っていることを発見し、日本が大いにヨーロッパやアメリカで評価されるに至ったのです。

「武士道」というのは、日本の一般民衆とは全く違った倫理観でしたが、それが危機の時に国を短期間で徹底的に改革するリーダーを生み、わずか二十七年を経た時に清帝国を打ち破り、三十七年経ったところでロシア帝国を打ち破るという急速な近代化の成果を生む礎になったのです。このことは存亡の危機になると強力なリーダーが現れるという日本の伝統をよく映していると思います。

「佐久間艇長の遺書」

これらの精神の底流には、ヨーロッパにもアメリカにも比類のない日本人特有の心があると思います。

「佐久間艇長の遺書」を、その心の具体的な形、無私の心、強い義務感の発露の実例として、ご紹介しておきたいと思います。一九一〇（明治四十三）年四月十五日、訓練中の第六号潜水艇が沈没し、艇長以下十四名が殉職しました。二日後に引き上げられた時に、艇長の胸ポケットから三十九ページ、九百七十五字に及ぶ遺言を綴った手帳が発見され、これが「佐久間艇長の遺書」として世界中を感動させたのです。その主文は不注意から艇を沈めたことを詫びる言葉で始まります。艇員一同が最後まで職責を果たしたという報告が続き、事故のために潜水艇の将来を見誤り、発展を阻害することのないよう願う文章で結ばれています。

沈没の原因、沈没後の状況、浮上のための努力などが簡潔に記され、最後の「公遺言」と記されたところでは「我部下の遺族をして窮するもの無からしめ給はらんこと」を天皇に上奏しています。沈没は午前十時。「呼吸非常にくるしい」「ガソリンにようた」「十二時四十分なり」で遺言は終わります。暗い艇内で書かれたので文字は乱れがちですが、文章は無私の至情に一貫し、しかも簡潔で無駄がない。

その頃、欧米の海軍でも同じような事故がありました。潜水艇を引き上げてみたところ、我先に脱出しようとして入口あたりに艇員が多数固まっていたことが判明したため日本海軍でも心配しましたが、佐久間艇の場合は全員が持ち場に就いたまま死亡していたのです。これが世界に大反響を呼ぶことになりました。

私が初めてこの遺言を目にしたのはまだ三十歳を超えたばかりの頃でしたが、自分と年齢のあまり違わない明治時代の海軍士官が、死を直視しつつ、かくも冷静、沈着に対処していることに衝撃を受けました。危機に直面した時こそ人の真価が問われ、行動規範の有無が試されます。佐久間艇長の場合、それは国家に対する「使命感」と部下に対する「思いやり」であったと思います。極限の状況にあって彼を支えたもの、彼が証明したものは、この規範に対する「無私の姿勢」です。それが時代や国境を超えて人の心を動かす普遍性を持っているのだと思います。

平和と繁栄は所与のものと思い込み、価値の軸を「損得」と「自己愛」に引っ繰り返してしまった最近の風潮では、「無私の心」は「愚かな奴」としか評価されないこともしばしばです。しかし明治維新とは比較になりませんが、国鉄の改革を進め、JR東海の建設を進める中で私が感じたのは、佐久間艇長と同じ資質は現代の日本の若者の心の底にも息づいているということでした。これは日本人に独特の規範意識の表れであると思います。

明治維新の近代化、近代国家としての日本の成立をリードする力は少数の「目覚めた」人たちの情熱にあったのですが、それらのリーダーを生む底流は、職務に忠実で、無私の心で奉公し、死に臨んでも心が乱れることはないという多くの日本人に共有されている美質にある。そのことを証明したのがこの遺言だったのではないでしょうか。少数のリーダーとそれを生む底流、この二つが組み合わさって、日本は明治維新、近代化を成し遂げ、短期間のうちに、清帝国、ロシア帝国に打ち勝つという偉業を成し遂げたのだと思います。

大正・昭和の官僚的「没リーダー」

その明治の緊張感は、日露戦争の勝利をもって急速に緩み、もとの内向きの日本に戻ってしまいました。大正から昭和の初期にかけては、内向きで内部調整型の官僚的気質による「没リーダー」の時代が続くことになります。最近読んだ『[証言録]海軍反省会』という本がありますが、それには「海軍大学校の教育方針は同期の中に抜きんでた者は作らないことであった」ということが書かれていました。集団としては優れているが、その集団の中では抜きん出た者を作らず、みんな仲良く結束、調和していくという没個性で内向きのリーダーシップ観がそこには表れていました。それでは、大局観と長期展望を持ち、刻々と変化する状況に臨機応変、果断迅速に対処する能力が育つわけがありません。明治維新を成し遂げたリーダーたちは皆、強い個性と自負心を持った人々でした。それと大正から昭和にかけての日本のリーダーシップ観との間には、かなりの変質があったと思います。平和が人間を堕落させたのでした。

脅威は常に大陸から来る。朝鮮半島を接点として、大陸から日本に及ぶ脅威にいかに備えるかというのが日本の伝統的な安全保障観でした。その際には日本を取り巻く海が味方していました。ところが、十九世紀の西欧列強の時代になると、科学技術の進歩により、海だけを頼りに自力で脅威を抑止することができなくなったため、海軍を整備し、海で結ばれた同盟国と提携して大陸の脅威に対峙しなければならなくなった。それが開国であり、日英同盟であり、日米修好だったのです。この政策は見事に功を奏し、日本は清帝国とロシア帝国の脅威に打ち勝つことができた。ところが、この成功体験と清帝国の弱体化が、大陸からの脅威を過小評価する気風とアジア主義への傾斜を生みました。アジアの盟主となろう、日本の生命線は満蒙にあるという驕慢な思想が高まり、海の国という自らの本質を忘れてしまったのです。有史以来、初めて日本は大陸に根差して、海からの脅威に対峙するという倒錯した意識を持つようになったのです。

「三国同盟」とポピュリズム

私は昭和十五年十月生まれですが、私の生まれるちょうど一ヶ月前の九月二十七日に日・独・伊三国同盟が結ばれました。翌日のある新聞には「三国同盟の歴史的使命は、大陸国家である日本が、同じ大陸国家である独・伊と手を握り、やがてソ連を抱き込み、蔣介石も仲間に入れて、海洋国家である英米の覇権を倒すのだ」という礼賛の言葉が書かれています。日本がなぜ大陸国家なのか。その記事では、満蒙を手中に治めたことにより、日本は大陸国家になったのだと書いています。

この三国同盟こそ、日米戦争のpoint of no returnを超えた瞬間だったと言えるでしょう。日本は昭和十六年十二月にアメリカとの戦争に突入しました。三国同盟を結べば、ドイツとすでに戦争状態にあるイギリスと戦争になり、それはすなわち太平洋を挟んでアメリカと戦うことを意味するが、英米と戦って勝てるはずはない。それが当時の日本のリーダーに予測できないはずはありません。それを望んだ人がいるわけもなく、それを覚悟した人もいませんでした。それにもかかわらず、ずるずると三国同盟を締結し、日米開戦となってしまったのです。

その背景にあったのは、日本が明治維新の時期のようなリーダーを持っていなかったということです。イギリスにはチャーチルがあり、フランスにはド・ゴールがいた。いずれも二十世紀の代表的なリーダーです。ドイツにはヒトラーがいました。ドイツ国民がヒトラーを煽り立てて戦争に突入したのではなく、ヒトラーの強力なリーダーシップに引きずられてドイツは戦争に突入したのです。

一方、日本の場合は、大衆の声に流され、大衆に迎合した結果、次々と誤った一歩を踏み出して、藪をつついて石油禁輸という当然予想されたはずの蛇を出し、ついに進退極って大戦略なしの戦争に突入してしまったのです。没リーダーのポピュリズムが日本帝国を滅ぼしたのでした。そして日本が存亡の危機にあるこの時には、日本型の救国のリーダーは現れなかったのです。海の国である日本が自らを大陸国家だと自己規定してしまった、根本を間違えてしまったという状況では、リーダーの現れようもなかったのです。有史以来の大失敗でした。

運命を決した二つの条約

敗戦後、アメリカならびに占領軍は、日本を永久に工業化しない方針を取りました。しかし、歴史の流れから見れば当然の成り行きとして米ソは冷戦状態に入り、極東では中共から支援を受けた北朝鮮が三十八度線を越えて韓国に侵入したため、朝鮮戦争が勃発しました。これを契機にアメリカの占領政策は百八十度方向転換し、日本を自由主義の前線基地として工業化することになりました。アメリカの方向転換は思いのほか早かったのです。その結果、日本はアメリカから技術移転を受け、自由主義陣営の工場として生産し、製品の市場をも提供されるという形で急速に経済復興し、高度成長へと入っていったのです。

戦後日本の運命を決する重要な選択において、リーダーシップが発揮されたケースは二つあります。一つ目は昭和二十六年のサンフランシスコ講和条約により日本の主権回復が吉田内閣によってなされたこと、二つ目は昭和三十五年の日米安全保障条約の改定が岸内閣によって行われたことです。

この二つは冷戦状態で対立する米ソ二つのブロックのうち、アメリカ側、すなわち自由主義側に身を置き、自由主義経済、そして民主主義を国家運営の基本とするという意思決定でした。それは同時に正当な海の地政学に日本が復帰することをも意味したのです。国内で親社会主義の立場からの強い反対意見も含め、多くの議論がありましたが、結果として極めて正しい選択がなされたために、日本はその後、奇跡的な成功を収めることができたのです。

ただし、日本国民及び日本の大部分の有識者たちは、現実を直視して自らの決断で選択したのではありません。アメリカを中心とする占領軍が日本を占領していたという事実の延長線上で、アメリカのリーダーシップにリードされて、半ば受身のうちに自由主義陣営に身を置くことになっただけです。彼らの心境は昭和二十年のままで停止していました。

魂の鎖国

現実を自ら直視せず、精神主義に逃げ込む悪癖は、敗戦によっても少しも治っていなかったのだと思います。絶対的平和主義者は、大和魂無敵論者と少しも変わりません。冷戦期間を通じて、日本の世論は現実を見ないばかりか、望ましくない現実からは目を逸らすという自己催眠を続けました。その中で無責任な評論が横行しましたが、政府与党のリーダーたちはそれに正面から立ち向かうことなく、全てを曖昧さの中に包んで面倒な議論を避け、cold war あるいは cold peace という温室の恩恵だけを受け続けたのでした。サンフランシスコ講和条約と日米安保条約という二度の受動的選択を除けば、不決断で逃げ回った結果が奇跡の成功体験になったというパラドックスは、米ソ冷戦崩壊後の今も、日本を呪縛し続けています。現在は、かつて歴史上でなかったほどの内向き、まさに魂の鎖国という状況に日本は陥っているのではないでしょうか。

明治維新は少数のリーダーが現れて掴み取った日本の独立であり、近代化でした。太平洋戦争敗戦後、世界第二の産業国となった日本は温室の中の徒花《あだばな》であり、事実を見ることを拒否し続けながら、アメリカのエスカレーターに乗って今日に至ったようなものです。

現在、幕末以上の平和ボケに陥っている日本、その周辺では何が起こっているのでしょうか。社会主義市場経済＝国家社会主義の中国は巨大な製造業の能力を備え、経済力を拡大し、重商帝国主義的な膨張意思を顕わに、アジア各地域や太平洋・インド洋方面に手を伸ばしています。海軍力を増強し、核ミサイルや原子力潜水艦などの戦略兵器を充実して日本にも照準を合わせていると言われています。日米にとって地政学的な脅威そのものです。その上に民主主義対専制主義、自由主義対重商主義、法治主義対人治主義、人権尊重と国権絶対という価値体系の対立があります。ところがもう一方で中国と日本・アメリカとの間には経済的な相互依存があります。日本が解かなければならないこの三元連立方程式は今までにない複雑な様相を示しているのです。

日本立国の四基本条件

私は、日本民族の二千年にわたる歴史の中で、存亡の危機の時代には、名もなき者の中から志のある者がリーダーとして現れ、国の危急を救って来たという伝統について概説しましたが、それが今回もまた機能することを熱望してやみません。今、日本のリーダーに求められるのは、判断の根本をぐらつかせないことです。すなわち、一に日本は海で結ばれた同盟により大陸と向かい合う国柄であるということ。二に価値観を共有するものが同盟国であり、身内であるということ。三に同盟国の核抑止力により未然に有事を防ぐことこそ二十一世紀的安全の保証であること。四に同盟を産業面での相互補完によって裏打ちすることが不可欠であること。

以上四点こそ、日本の立国の基本だと思うのです。この四点を充足する同盟国はアメリカしかないということを、胸に深く刻まなければなりません。中国、韓国を含めた東アジア共同体を唱えることは、上記の四基本条件の全てにおいて整合しない組み合わせであることを認識する必要があり、それは非現実的であるばかりでなく、時として有害極まりない考えだと言わざるを得ません。中国は日本の重要な隣国です。隣人と上手くやっていくためには、家族、身内が円満でなければなりません。すなわち中国と上手くやっていくためには日米関係、海で結ばれた同盟が不動でなければなりません。中国との関係は日米同盟の従属変数なのです。日本のリーダーは、大陸主義、アジア主義の妄想が、かつて日本を滅ぼしたことを常に肝に銘じるべきだと思います。

今、日本の国では老いたる人たちも若い人たちも、国家意識がしっかりしているとは言えません。しかし、江戸時代の庶民ほど国というものについて無関心かというと、そうではありません。政治の混乱、産業・経済の衰退の兆候、失業の拡大、安全保障の不安など、国民の懸念を挙げれば限りなく、不安と不満が地下のマグマのように蓄積している。今こそ現実の厳しさを直視し、世界の大局を見て方向性を示し、確固たる信念を持って前人未踏の二十一世紀を切り拓くリーダーが現れてほしい。その願望が高まっているのを感じます。

歴史の物語る通り、今はまだ名もなき若い人たちが手垢に汚れていない新鮮なイメージを持って現れ、国民の希望と信任を得て難事業に当たることを念じてやみません。

おわりに

巻末の付録として、リーダーを目指す人のために推薦図書を挙げてみました。いずれも私が読んで面白いと思ったものです。どうしても戦争の本が多くなりますが、これは人間の本性が最もはっきりと表れるのは動乱の時期だからです。平時における人間は檻の中の獣のような暮らしをしているわけです。戦っている時にこそ、人間の英雄性も出て来るし、リーダーシップも問われることになります。

冒頭でお話した通り、自由な読書は空想を生む種になり、自らの体験に肉付けし、膨らませていくことができます。今こそリーダーが求められている時代です。国のリーダーはもちろん、官僚機構においても企業経営においても、変革期だからこそ求められるのは、外向きのリーダーです。

ご紹介した本がこれからリーダーを目指す人、リーダーを育てたいと考えている人たちにとって、少しでもお役に立てれば大変嬉しく思います。

明日のリーダーのために、本書をささげます。

平成二十二年四月

東海旅客鉄道株式会社　代表取締役会長　葛西　敬之

リーダーのためのブックガイド

司馬遼太郎『**坂の上の雲**』（全八巻、文春文庫）
『**佐久間艇長の遺書**』（ＴＢＳブリタニカ編集部［編］）
村上兵衛『**守城の人——明治人柴五郎大将の生涯**』（光人社ＮＦ文庫）
石光真人編『**石光真清の手記**』（全四巻、中公文庫）
子母澤寛『**勝海舟**』（全六巻、新潮文庫）
福澤諭吉『**新訂　福翁自伝**』（岩波文庫）
福澤諭吉『**学問のすゝめ**』（岩波文庫）
岡義武『**岡義武著作集**』（岩波書店）
岡義武『**国際政治史**』（岩波現代文庫）
バーバラ・Ｗ・タックマン『**世紀末のヨーロッパ——誇り高き塔・第一次大戦前夜**』（大島かおり訳、筑摩書房）
バーバラ・Ｗ・タックマン『**八月の砲声**』（山室まりや訳、全二巻、ちくま学芸文庫）

中西輝政『大英帝国衰亡史』（PHP文庫）
ウィンストン・S・チャーチル『第二次世界大戦』（佐藤亮一訳、全四巻、河出文庫）
ウィリアム・L・シャイラー『第三帝国の興亡』（松浦伶訳、全五巻、東京創元社）
アンドレ・モーロワ『フランス敗れたり』（高野彌一郎訳、ウェッジ）
シャルル・ド・ゴール『剣の刃』（小野繁訳、葦書房）
バーバラ・W・タックマン『愚行の世界史―トロイアからベトナムまで』（大社淑子訳、全二巻、中公文庫）
ヘレン・ミアーズ『新版アメリカの鏡・日本』（伊藤延司訳、角川学芸出版）
シャルル・ド・ゴール『希望の回想　第1部』（朝日新聞社外報部訳、朝日新聞社）
デイヴィッド・ハルバースタム『ベスト&ブライテスト』（浅野輔訳、全三巻、二玄社）
ニール・シーハン『輝ける嘘』（菊谷匡祐訳、全二巻、集英社）
ジョン・ハケット『第三次世界大戦』（青木榮一訳、全二巻、講談社文庫）
ピーター・ハクソーゼンなど『敵対水域―ソ連原潜浮上せず』（三宅真理訳、文春文庫）
リチャード・ニクソン『指導者とは』（徳岡孝夫訳、文藝春秋）
『万葉集―全訳注原文付』（中西進訳、全四巻別巻一、講談社文庫）

『平家物語』（梶原正昭・山下宏明校注、全四巻、岩波文庫）
ルイス・フロイス**『ヨーロッパ文化と日本文化』**（岡田章雄訳注、岩波文庫）
渡辺京二**『逝きし世の面影』**（平凡社ライブラリー）
陳舜臣**『小説十八史略』**（全六巻、講談社文庫）
ユン・チアン**『ワイルド・スワン』**（土屋京子訳、全三巻、講談社文庫）
ギ・ソルマン**『幻想の帝国―中国の声なき声』**（山本知子・加藤かおり訳、駿河台出版社）
シュテファン・ツヴァイク**『ジョゼフ・フーシェ―ある政治的人間の肖像』**（高橋禎二・秋山英夫訳、岩波文庫）
ダフ・クーパー**『タレイラン評伝』**（曾村保信訳、全二巻、中公文庫）
バルザック**『谷間のゆり』**（宮崎嶺雄訳、岩波文庫）

『坂の上の雲』は司馬遼太郎の著作。最近、八巻全てを読み直しました。改めて面白いと思いました。

『佐久間艇長の遺書』（TBSブリタニカ編集部［編］）は本文で触れましたが、極限の状況にあって彼を支えたもの、彼が証明したものは、「無私の姿勢」です。

『守城の人』は村上兵衛が書いた会津出身の陸軍大将、柴五郎の伝記です。陸軍の中で数々の武勲を立てたにもかかわらず閑職におかれ、辛酸を舐めた人です。

『石光真清の手記』は四巻まであり、一巻から順に『城下の人』『曠野の花』『望郷の歌』『誰のために』という表題がついていますが、特に面白いのは一巻から三巻くらいまでです。

『勝海舟』の勝は幕末の幕府方の人。これは子母澤寛が書いた伝記です。

『福翁自伝』と**『学問のすゝめ』**は福澤諭吉の著作。今こそ福澤の「独立自尊」の精神を学ぶ必要があると思います。

『岡義武著作集』は全部で八巻ありますが、その一巻から三巻までで、近代日本政治史の大正デモクラシーまでカバーしています。

『世紀末のヨーロッパ』は米国の歴史家、バーバラ・タックマンが、一八九〇年くらいからヨーロッパで何が起こり、アメリカで何が起こり、第一次大戦に向かう中で、一つ一つのでき事がどう収斂していったかを描いた大変読みごたえのある本です。そして第一次大戦が始まったところを扱っているのが**『八月の砲声』**。ケネディの愛読書だったといわれています。

『**大英帝国衰亡史**』は、イギリス人の書いた本もありますが、中西輝政さんの著作がいいのではないでしょうか。

『**国際政治史**』は最近岩波現代文庫から復刊されました。『岡義武著作集』の七巻にも収められていますが、冷戦の構造の中で米ソのどちらか一方に偏らないように書いているので、私が今見る限り、『岡義武著作集』一巻から三巻部分に比べて物足りなく思います。ただ全体の流れをつかむのにはいいでしょう。

チャーチルの大戦回顧録は大部なので、『**第二次世界大戦**』という表題で河出文庫から四分冊のアンソロジーが出ています。これはいいと思います。

『**第三帝国の興亡**』は米国人のジャーナリスト、ウィリアム・シャイラーがドイツでの取材をもとに書いた本ですが、戦間期から第二次大戦までをカバーしています。

『**フランス敗れたり**』や『**剣の刃**』は、いずれも非常にいい本です。

『**愚行の世界史**』もバーバラ・タックマンの著作ですが、トロイアの木馬の話からベトナム戦争まで、人間が今まで犯した歴史上の愚行を分析しています。とても面白い。

『**新版アメリカの鏡・日本**』はヘレン・ミアーズというアメリカ人の本で、アメリカが日本を裁く権利はないことが明確に書かれています。

シャルル・ド・ゴールの『**希望の回想**』。ド・ゴール政権が、第一次インドシナ戦争のディエンビエンフーの戦いで負けて、アルジェリアの独立機運が盛り上がってきたところで誕生してから、彼がどう考えて、どうフランスを立て直したかが書いてあり、とても面白い本です。ド・ゴールは最近評判が悪いのが残念です。ファシストのような感じで受けとめられていて、本もなかなか入手できません。この本も図書館くらいにしかないかもしれません。私は古本屋も探したのですが、結局見つけられませんでした。

『**ベスト&ブライテスト**』と『**輝ける嘘**』はいずれもベトナム戦争を扱った本です。『**第三次世界大戦**』は一九七八年に出た、イギリスのジョン・ハケットというNATO軍司令官が書いた本。シミュレーション小説で、ソ連とアメリカがついに戦争になるという話です。今後米中冷戦が起きる可能性もありますので、米ソ冷戦の最後の段階でどういうシナリオが書かれたかという視点から読むと興味深いと思います。『**敵対水域**』も米ソ対立に絡むノンフィクションです。

それからニクソンの『**指導者とは**』。彼の世界の指導者たちの人物評をまとめた本で面白いと思います。

あとは日本文化について。『**万葉集**』はいろいろなものが出ていますが、中西進さんのものがいいと思います。『**平家物語**』もいろいろあります。原典にあたるのもいいし、解説書もいい。吉川英治の『新・平家物語』（講談社）を読んでもいいでしょう。

ルイス・フロイスの『**ヨーロッパ文化と日本文化**』。ヨーロッパ文化と日本文化がいかに違っているかについては、『万葉集』『平家物語』とこれを読めばいいでしょう。

さらに『**逝きし世の面影**』という本があります。これも本文で触れましたが、江戸末期から明治初期にかけて西洋人が日本に来て、見て、日本旅行記をいろいろと書きました。その中から抜粋して、日本民族の特色について分析しています。

『**小説十八史略**』は長大な本ですが、これがいいと思うのは中国人というのがいかに攻め、欺き、殺戮し合ってきたかということがよく分かるからです。国際政治の古典のような本です。実に面白い。

中国は『**ワイルド・スワン**』もなかなかいい。おばあさん、お母さん、自分と三代にわたる自伝的なノンフィクションで、軍閥時代、袁世凱の時代、蔣介石の時代、毛沢東の時代、鄧小平の時代と、中国は何も変わってないということが分かります。

『**幻想の帝国**』はフランスのエコノミスト、ギ・ソルマンの著作。貧困や汚職など中国の嘘を告発する本です。

『谷間のゆり』。フランスの哲学者エミール・アランが百回読んだと聞いたことがあります。恋愛小説はこれ一冊読めば、あとはもう読む必要はないのではないかと思って入れておきました。

葛西敬之（かさい よしゆき）
昭和15年生まれ。昭和38年東京大学法学部卒業、日本国有鉄道入社。昭和44年米国ウィスコンシン大学経済学修士号取得。昭和52年日本国有鉄道静岡鉄道管理局総務部長。昭和54年同仙台鉄道管理局総務部長。昭和56年同経営計画室計画主幹。昭和58年同職員局職員課長。昭和61年同職員局次長。昭和62年東海旅客鉄道株式会社発足、取締役総合企画本部長。平成7年同代表取締役社長。平成16年同代表取締役会長（現職）。

文春新書

748

明日《あす》のリーダーのために

2010年（平成22年）4月20日　第1刷発行
2014年（平成26年）9月5日　第3刷発行

著者　葛西敬之
発行者　飯窪成幸
発行所　株式会社 文藝春秋

〒102-8008　東京都千代田区紀尾井町3-23
電話（03）3265-1211（代表）

印刷所　理想社
付物印刷　大日本印刷
製本所　大口製本

定価はカバーに表示してあります。
万一、落丁・乱丁の場合は小社製作部宛お送り下さい。
送料小社負担でお取替え致します。

ISBN978-4-16-660748-8